KB219963

바람이 부니
구름이 흩어지네

허정 스님의
게송과 시로 배우는 불교

# 바람이 부니
# 구름이 흩어지네

허정 지음

# 시공을 초월한
# 진리의 원음을 들으며

게송과 시의 묘미는 압축과 리듬에 있다. 압축된 언어로 다양한 의미를 전한다. 풀어 놓으려면 한이 없고 압축하려면 단 몇 마디 말로도 가능한 것이 진리의 세계다. 게송과 시는 압축된 언어에 독특한 리듬을 부여하여 진리를 전달하는 기능을 한다.

우선 게송은 여러 경전들에서 공통적으로 적용하는 의미 전달의 방식이다. 부처님이 어떤 상황에서 어떤 가르침을 자세히 설명하고 나면, 그것을 요약하여 짧은 게송으로 다시 정리하는 방식이다. 아마 문자가 정착되지 않은 시대에 부처님의 가르침이 입에서 입으로 전해지는 과정에서 불가피하게 적용된 전달 방식일 것이다.

부처님이 어떤 상황에 대해 이러저러한 이야기를 통해 가르침을 펼쳤을 때, 그 장황한 설명이 고스란히 구전되기는 어렵다. 그래서 리듬을 얹은 게송으로 압축하여 전하는 것이 효과적이었을 것이다.

시는 문학의 중요한 장르다. 동서양을 막론하고 수많은 시론이 유통되고 있음은 누구나 아는 사실이다. 시는 불교와 접목되어서도 다양한 형태의 작품으로 전해져 왔고 지금도 창작되고 있다. 불교와 만난 시의 대표적인 형식이 경전 속의 게송을 필두로 선시와 열반송, 출가시, 오도송 등으로 자리 잡아 왔고 요즘은 '현대선시'라는 이름으로 창작되기도 한다.

시와 게송은 어떤 관계인가? 같고도 다르며 다르면서도 같은 관계라 할 수 있다. 전문적인 문학이론에서 이 둘의 관계를 정의하는 것은 상당히 복잡하고 이론도 많을 것이다. 그러나 문학이론의 차원이 아니라 불교를 공부하고 시와 게송을 통해 마음을 힐링하려는 입장이라면 굳이 그 둘의 관계를 복잡하게 분별할 필요가 없을 것이다. 시와 게송은 압축적이고 리듬을 가지며 불교적 가르침 혹은 깨달음의 세계를 전하기 위해 지어진 것이라는 공통점이 훨씬 중요하다.

'시삼백詩三百 사무사思無邪'라는 공자의 말은 워낙 유명하다. 공자는 〈논어〉 '위정'편에서 이렇게 말했다. "〈시경〉에 삼백 편을 정리한 것은 한마디로 말해, 시 삼백 편은 모두 마음에 삿됨이 없기 때문이다."라고. 이를 후대에서는 삼백 편의 시를 알면 마음에 삿됨이 없다고 해석하기도 했다. 공자가 정치를 논하는 자리에서 느닷없이 시 얘기를 던진 이유는 시가 인간 심성에 끼치는 바를 잘 알기 때문이었을 것이다. 시는 교훈의 기능 말고도 정서를 순화해주는 기능이 있다. 공자는 시에 대해 〈논어〉 '양화편'에서 이런 말도 남겼다.

"시는 정서를 일으키며詩可以興 얻고 잃는 것을 볼 수 있으며可以觀 무리와 사귀게 하고可以群 원망하되 노하지 않으며可以怨 가까이는 아비를 섬기고 멀리는 임금을 섬기고邇之事父遠之事君 금수초목의 이름을 많이 알게 한다多識於鳥獸草木之名."

불교와 시의 만남도 아주 자연스러운 일이었을 것이다. 경전의 편찬자들은 언어의 경제성과 음악성을 집적集積하는 시를 통해 부처님의 가르침을 보다 효과적으로 유통하려 했을 것이다. 그러한 영향이 중국 불교에서 더욱 확대 되었고, 특히 선불교에서 자신의 마음자리를 드러내는 방법으로 가장 적효適效했던 것이 시였던 것이다. 그래서 선시라는 독특한 장르가 개척되었고, 수많은 선수행자들이 수많은 선시를 지어 자신의 마음자리 즉 깨달음의 상태를 드러냈다.

이렇게 볼 때 게송과 시는 불교를 배우고 느끼고 공감하는 가장 빠른 길이라 할 수 있다. 시와 게송이야말로 가르침과 깨달음의 경지를 가장 함축적이고 리드미컬하게 담은 그릇이다.

이 책에서는 바로 그 점에 주목하여 우리가 조금만 관심을 가지면 쉽게 만날 수 있는 시와 게송들을 선별하여 거기에 함축된 의미를 풀어보고자 한다. 물론 시와 게송이라는 장르를 따로 분류하지는 않는다. 시가 게송이고 게송이 시라는 불가분의 관계성을 인정하지 않을 수 없는 측면도 있다.

**野鶴碧空方無碍**(야학벽공방무애)
**人之求法何不道**(인지구법하불도)
**東西流情都放下**(동서유정도방하)
**顯現皎皎三千界**(현현교교삼천계)

들판의 학은 푸른 허공에 걸림이 없고
사람이 법을 구함에 도 아닌 것이 무엇이랴.
이런저런 생각 모두 놓아버리면
삼천대천세계가 스스로 드러나리라.

내가 강원 수학 시절에 문득 느낀 바를 적은 것이다. 돌이켜 보면 그땐 모든 게 뜨거웠다. 수행일념을 흩트리지 않는 것이 얼마나 어려운 것인지 절감하던 때이기도 하다.

옛 선지식들은 정진을 하다가 '한 소식'이 다가오면 마당으로 뛰어나가 덩실덩실 춤을 추었다고 한다. 생사를 걸어두고 몰두하던 화두가 터지는 순간, 그 불꽃같은 희열을 표출하려면 덩실덩실 춤이라도 추어야 할 것이다.

하지만 그 한 소식이 순일하게 유지되기는 어렵다. 잠시의 기뻠이 가라앉으면 다시 세상만사의 흐름을 따라 번뇌와 갈등이 치성해 지는 것이다. 그래서 나는 수행이란 한 번의 깨침으로 끝나는 것이 아니라고 생각한다. 그 이름도 모양도 없고 온 곳도 가는 곳도 모르는 '한 소식'을 얻고 버리기를 반복하면서 공덕을 쌓고 쌓아 마침내 성불에 이르는 것이라고 생각한다. 경전에서도 성불에 이르기까지 대승보살들이 쌓는 공덕을 무수무량으로 표현하고 있지 않은가.

'한 소식'의 기록, 아마 게송과 선시 등은 그 찰나의 깨침을 문자로 기록하여 스스로 되새기고 후대에 전하는 최선의 수단일 것이다. 그래서 나에게 한 구절의 시구(詩句)가 있다는 것은 '한 소식'의 기억이 있다는 것이고, 그 기억에 의지해 번뇌 망상을 타파하는 힘을 얻는지도 모르겠다.

게송과 시를 통해 불교를 공부하는 일은 즐거움이다. 압축된 언어의 세계를 풀어내어 거기 농익은 진리의 향기를 맡을 수 있다. 그래서 경전에 전하거나 옛 선지식들의 문집이나 어록 등에 전하는 시와 게송들을 통해 불교의 진실한 가르침을 배우고자 아함부의 중요한 게송과 선사와 거사 혹은 선비들이 남긴 이름난 시들을 한 데 모으고 조촐한 설명을 덧붙였다. 전문적인 문학과 학술적 입장에서 시와 게송을 분석하고 해석하는 것보다는 그 의미를 통해 불교의 교리 혹은 삶의 가치를 배우고 마음을 정화하는 데 초점을 맞추고자 했다. 이것이 승려로서 내가 할 수 있는 최선의 범위다.

이 한 권의 책에 수록된 게송과 시편들을 독자 여러분들이 읽고 느끼고 가슴에 새겨 넣는다면, 시공을 초월한 진리의 원음들이 해탈지견의 공덕으로 익어갈 것이다.

2018년 봄

# 목차

## 1부 부처님의 게송

# 2부 중국 선사들의 선시

# 3부 한국 선사들의 선시

## 4부 거사·선비들의 시

1부

# 부처님의 계송

# 짐을 버린 홀가분함

이미 무거운 짐 버렸거든
다시는 그것을 취하지 말라.
무거운 짐은 큰 괴로움이요.
짐을 버림은 큰 즐거움이네.

잡아함 73 '중담경重擔經'

　지금 당신의 등에는 어떤 짐이 지워져 있나요? 생각해보면 누구나 많은 짐을 지고 있습니다. 몸은 하나지만 그 몸에 얹어진 삶의 짐은 많고 무겁죠. 당신의 주민등록증에는 하나의 이름이 적혀 있겠지만, 세상에서 당신을 지칭하는 이름은 수 십 개나 됩니다. 당신은 집에서 어떻게 불리고 있습니까? 누군가의 아들이고 남편이고 오빠이고 형님 혹은 동생이고 아버지이고 삼촌이고 외삼촌 고모부 이모부 처남 매형 등등이고 심지어 이웃집 아저씨이기도 합니다. 우리는 불리는 이름만큼이나 많은 짐을 지고 있습니다.

　어디 그뿐인가요? 사회에서도 많은 이름으로 불리어 지고 많은 일이 주어지고 그 일들을 하는 가운데 많은 사람들과 관계하게 됩니다. 삶은 거미줄처럼 정밀한 그물망 속을 오고가는 과정입니다.

어느날 부처님은 제자들에게 무거운 짐에 대해 이야기 했습니다. 짐을 가지는 것과 버리는 것, 그리고 짐꾼에 대한 이야기입니다. 부처님은 누구나 살아 있는 이 순간의 모든 느낌과 생각으로부터 만들어지는 애착과 갈등이 모두 무거운 짐이라고 했습니다. 그로부터 고통이 시작되기 때문입니다.

권력이든 돈이든 명예든 그것을 갖게 되면 즐겁고 행복할 것 같지만, 사실 그로부터 오는 고통은 상상을 초월합니다. 물론 그것을 갖기 위한 과정 자체도 치열한 갈등과 대립의 과정입니다. 그래서 모든 것이 무거운 짐이고 그 짐을 벗지 못하는 한 고통을 면할 길도 없습니다.

부처님이 우리에게 가르치신 모든 법문의 핵심은 바로 이 무거운 짐을 내려놓는 지혜입니다. 오늘도 고통의 짐꾼으로 윤회의 수레바퀴를 굴려가는 중생들에게 그 짐을 내려놓으라고 팔만사천의 법문을 펼쳐 보이신 것입니다. 짐을 내려놓는 방법은 간단합니다. 집착하지 않는 것입니다. 내가 제일이라는 생각을 버리면 겸손하여 더불어 살 수 있고, 내 것이라는 생각을 버리면 함께 나눌 수 있습니다.

집착이라는 짐, 욕심이라는 짐을 버리면 마음이 즐겁고 삶이 홀가분해집니다. ✍

# 법을 어기지 않는 효도

만일 너처럼 부모님에게
공경하고 또 공양 받들면
이 세상에서는 이름 퍼지고
죽어서는 천상에 태어나리라.

잡아함 88 '울다라경鬱多羅經'

효도는 모든 행실의 근본이라는 말은 동양의 오랜 가치관입니다. 유교에서도 효의 중요성을 강조하지만 불교도 효행을 아주 중요하게 가르칩니다. '울다라경'은 부처님이 직접 효의 중요성을 언급한 경전입니다.

부처님이 기수급고독원에 계실 때 '울다라'라는 이름의 청년이 부처님을 찾아와 질문을 했습니다. "부처님 저는 항상 법에 어긋남이 없이 행걸行乞하여 부모님을 공양하여 안락하게 해드립니다. 제가 이렇게 하면 복이 많겠습니까?" 청년은 부모님을 모시기 위해 법에 어긋나지 않게 구걸행을 하고 그렇게 얻은 음식과 물품으로 부모님을 봉양하여 부모님이 안락하게 지내신다면 그것이 복을 받을 만한 일인가를 여쭙는 것입니다.

여기서 청년의 구걸행이 비구들의 탁발과는 같지 않겠지만, 요즘 말로하면 정당한 경제활동이라 할 수 있을 것입니다. 정당한 노력에 의해 얻은 재물로 부모님을 모시는 것으로 파악하면 됩니다.

이 청년의 질문에 대해 부처님은 진실로 복이 많다고 말씀하십니다. "법에 어긋나지 않게 행걸하여 부모님을 공양하여 모든 괴로움을 없애고 그를 안락하게 하면 실로 큰 복이 있다"고 말입니다.

효도를 하기 위해서라도 법을 어겨서는 안 됩니다. 도둑질한 재물이나 강탈한 물건으로 부모를 모신다면, 그 부모는 자식을 도둑이나 강도로 만든 장본인이 됩니다. 우리는 이 경전에서 '법에 어긋남이 없이'라는 대목을 주목해야 합니다. 아무리 좋은 의도라 하여도 그것이 법을 어기는 이유는 될 수 없습니다. 세상을 지배하는 도덕과 윤리, 법과 질서를 무시한다면 그 어떤 가치도 인정될 수 없는 겁니다.

'법에 어긋남이 없이' 효도를 하여 자신이 흡족하고 부모가 안락하고 이웃이 본받아 세상이 행복해진다면 그야말로 최상의 효행이 될 것입니다. 불자의 효도는 의무감과 책임감 때문에 행하는 것이 아니라 자신과 부모와 주변의 모든 사람이 행복하도록 하는 복행이 되어야 합니다. 살아서 세상에 이름이 난다는 것은 그 효행으로 인해 보다 많은 사람이 행복해진다는 의미이고, 죽어서 천상에 태어난다는 말은 그 효행이

바람이 부니
구름이 흩어지네

성불에 이르는 중요한 공덕이라는 의미로 이해하시기 바랍니
다.

# 차오르는 달과 같이

마치 달이 흐림이 없어

허공을 두루 떠다닐 때에

모든 작은 별 가운데서

그 광명이 가장 밝은 것처럼

깨끗한 믿음도 또한 그렇고

계 있고 지식 있고 아낌 떠난 보시는

탐욕이 가득한 이 세상에서

그 보시 특히 밝아 환하게 나타나리.

**잡아함 94 '승가라경僧迦羅經'**

불자의 바른 삶은 어떤 것일까요? 많은 불자들이 이 문제를 놓고 고민을 할 겁니다. 불자다운 삶을 살고 싶은데 어떻게 해야 하는지 잘 모르겠다는 분들이 의외로 많습니다. 불자가 불자답게 살고자 고민한다는 것은 분명 좋은 일입니다. 고민조차 하지 않는다면 불자다운 삶은 더욱 멀어질 것이니까요.

부처님이 기수급고독원에 계실 때 승가라僧迦羅라는 청년이 찾아와서 질문을 했습니다.

"부처님 착하지 않은 사람을 어떻게 알 수 있습니까?"

"마치 달과 같다."

"그렇다면 착한 사람은 어떻게 알 수 있습니까?"

"마치 달과 같다."

왜 부처님은 착한 사람도 착하지 않은 사람도 똑같이 달과 같다고 하셨을까요? 달이 보름을 기준으로 차 오르기도 하고 다시 이지러지기도 하는 점을 비유로 들어 설명하신 겁니다. 즉 보름날이 지난 뒤의 달처럼 점점 줄어들면서 빛을 잃는 것이 착하지 않은 사람의 행업과 같다고 비유 하신 겁니다. 복 없는 행동을 하면 보름이 지난 뒤의 달처럼 공덕이 줄어들어 복이 줄어들고 관계하는 모든 것이 줄어듭니다. 생각도 행동도 모두 소멸의 길을 가는 것이죠.

그러나 반대로 상순에서 중순으로 달이 차오르는 것은 공덕을 쌓고 수행을 잘하고 기도 정진을 잘하는 사람의 복덕과 같다고 할 수 있습니다. 날마다 달이 커지듯이 착한 행동과 생각으로 성불의 인연을 길러 나가는 삶이라 할 수 있습니다.

불자다운 삶은 바로 보름달이 차오르듯이 복덕과 지혜를 쌓아가는 것입니다. 탐진치 삼독으로부터 벗어나고 사상[아상 인상 중생상 수자상]으로부터 벗어나고 '불타는 집'을 벗어난 사람은 차오르는 보름달과 같은 삶을 살 수 있습니다. 부처님은 바른 믿음과 청결한 계행, 늘 공부하는 구도행과 남에게 베푸는 보시행이 차오르는 달과 같은 삶의 길임을 강조하셨습니다.

　자신이 기울어가는 달인지 차오르는 달인지 항상 점검해야
합니다.

바람이 부니
구름이 흩어지네

# 지팡이 보다 못한 아들

아들을 낳아서 마음이 기뻤었고
아들을 위하여 재물을 모았으며
또한 아들을 위하여 며느리 들인 뒤에
나는 그것들을 다 주고 집을 나왔네.

어떤 시골의 부랑한 아이는
그 아버지의 뜻을 등지니
사람 얼굴에 나찰의 마음
그는 늙은 아비를 버렸느니라.

늙은 말이라 쓸 데가 없다 하여
곧 보리껍질 먹이까지 빼앗겼나니
아이는 어리고 아비는 늙어
집집으로 다니면서 밥을 빌었네.

아들은 귀히 하고 사랑할 것 아니요
구부러진 지팡이가 제일이로다.

나를 위해 사나운 소 막아주고

험한 곳을 면하여 편안케 해주네.


사나운 개를 물리쳐 주고

어두운 곳에서는 나를 붙들며

깊은 구덩이나 빈 우물이나

풀이나 나무나 가시밭을 피하여

지팡이의 위력을 의지하기 때문에

꼿꼿이 서서 넘어지지 않는구나.

잡아함 96 '바라문경婆羅門經'


시대의 변화에 따라 가족의 구성도 바뀌게 마련입니다. 노동력이 절대적으로 필요한 농경사회에서는 3대 혹은 4대가 함께 사는 대가족이었습니다. 혼인도 일찍 했고 아이들은 어릴 때부터 농사일을 거들어야 했습니다. 우리나라는 1970년대까지 대체적으로 대가족을 이루고 있었고 산업사회가 발달하며 대도시를 중심으로 핵가족으로 변해갔습니다. 부모와 자녀를 기준으로 하는 세대가 한 가정을 이루며 가족제도가 분화된 겁니다.

빠르게 변화하는 산업사회는 다시 첨단 미디어 산업의 시대를 맞았고 핵가족을 넘어 1인 가구도 늘어나고 있습니다. 고령화에 따른 독거노인 가구와 결혼하기를 꺼리고 혼자 사는 이

바람이 부니
구름이 흩어지네

른바 싱글족이 늘어나면서 형성된 1인 가구는 도시사회의 소비패턴까지 바꾸고 있습니다.

이러한 가족 단위의 변화는 전통적인 가치관인 '효도'와 적지 않은 문제를 만들어 냅니다. 과거에는 나이가 들어 결혼적령기가 되어도 혼인을 하지 않으면 그 자체가 불효 중의 불효였지만, 오늘날 싱글족들은 그런 것에 별로 신경을 쓰지 않습니다. 자신의 인생이고 자신의 선택이 더 중요하기 때문입니다.

위에 든 게송은 홀로 지팡이에 몸을 의지한 채 아침 끼니를 구걸하느라 이집 저집 돌아다니는 노인을 위해 부처님이 설해주신 것입니다. 그 노인은 아들을 낳아 기뻐했고, 정성껏 기르고 재산을 모았습니다. 그리고 참한 여인을 며느리로 맞이한 뒤 모든 재산을 자식에게 물려주고 홀로 집을 나와 구걸하며 먹고 사는 독거노인이었습니다. 경전에 자세한 이야기는 없지만 문맥을 볼 때 노인은 아들이 불효하여 집에서 나온 것 같습니다.

요즘도 부모님을 모시지 않고 방치하거나 부모의 병원비와 생활비 문제로 형제간에 싸우고 반목하는 일이 적지 않습니다. 그러한 싸움에 며느리들이 앞장서는 집도 허다합니다. 아마 2500여 년 전에 부처님이 계시는 인도 사회에서도 노인문제는 심각했던가 봅니다.

아무튼, 부처님은 노인에게 이 게송을 지어주면서 아들이 있는 마을에서 크게 외치라고 했고, 노인은 마을에서 게송을 읊었습니다. 아들은 이 게송을 듣고 깊이 죄를 뉘우치고 아버지를 집으로 모시고 가 안락하게 봉양하였습니다.

늙은 부모에게 불효하는 자식은 지팡이만도 못한 존재입니다. 늙은이가 몸을 의지하는 것이 지팡이뿐이라면 얼마나 비참한 일이겠습니까? 아무리 세상이 변하고 인심이 각박해졌다 하여도 지팡이 보다 못한 자식이 되지는 말아야 합니다. ⮬

# 부처님의 농사

믿는 마음을 종자로 삼고
괴로이 행하는 것을 비雨로 삼으며
지혜를 보습의 자루로 삼고
부끄러워하는 마음 멍에로 삼아
바른 생각으로 스스로 보호하면
그는 좋은 어자御者라 이름 하나니
몸과 입의 업을 잘 단속하고
음식 종류를 알아 알맞게 먹고
진실을 진정한 수레로 삼고
즐거이 머무르되 게으르지 않으며
꾸준히 나아가 거칠음 없게 하며
안온하면서 빨리 나아가
한 곳으로 바로 달려 돌지 않아서
근심이 없는 곳에 이르게 되네.
이러한 농부는 감로 열매
빨리 얻게 되고

이러한 농부는 모든 업보를 받지 않네.

잡아함 98 '경전경耕田經'

대부분의 사람들은 직업을 갖습니다. 현대 자본주의 사회에서 직업은 생계수단이라는 본질을 넘어 삶의 가치를 떠받치는 중요한 요소이기도 합니다. 어떤 직업을 갖느냐에 따라 그 사람의 삶의 방식도 달라지고 문화의식이라든가 역사의식 등도 차이가 나게 마련입니다. 직업은 삶의 수단이자 그 삶의 가치를 만들어가는 본질이기 때문입니다.

농부는 농사를 지으며 터득한 많은 지식과 지혜 그리고 비법들을 가지게 됩니다. 종자를 고르는 방법과 파종하는 시기, 파종 후 싹이 트는 조건을 잘 알고 있습니다. 싹이 튼 농작물이 잘 자라서 줄기를 형성하고 잎을 틔우고 열매를 맺는 과정도 잘 알고, 그 과정에서 약을 쓰거나 퇴비를 주고 김을 메어주기도 합니다. 농부는 농작물에 대해 많은 것을 알아야 합니다. 그 앎이 농부의 자부심이며 살아가는 가치이며 생존의 수단이기도 한 것입니다.

자동차정비사라면 자동차에 대해 많은 것을 알아야 합니다. 자동차의 기계적 특징과 전기장치 등에 대해 잘 알아야 고장난 자동차를 진단하고 수리할 수 있습니다. 자동차에 대해 많은 것을 아는 것은 자동차정비사의 자부심이고 삶의 가치이며 생존의 수단이기도 합니다.

그런데 직업이라는 조건에서 수행자 혹은 성직자들을 바라보는 관점은 좀 다른 부분이 있습니다. 성직자들이 직업인의 범주에 들어가는 것이 옳은 견해인가 하는 것도 다양한 의견이 있어 왔습니다. 특히 수행을 위주로 하는 스님들을 성직자라 부르는 것은 문제가 있다는 견해도 있었습니다. 그러나 요즘은 대체적으로 스님들도 성직자로 인식하고 성직자도 하나의 직업군으로 보는 듯합니다.

아마 부처님 당시에도 숲에 무리를 지어 승단 생활을 하는 불교교단을 바라보는 시각이 다양했나 봅니다. 부처님이 만난 한 농부는 당당하게 자신의 의견을 피력합니다.

"고타마시여, 나는 지금 밭을 갈고 종자를 뿌려 그것으로 먹고 살아가나이다. 사문 고타마께서도 또한 밭을 갈고 종자를 뿌려 그것으로 자시고 살아가셔야 합니다."

농경사회를 살아가는 농부의 입장에서 부처님은 종자를 고르지도 않고 파종하지도 않으며 농작물을 길러 수확하지도 않으니 이런 질문을 하는 것도 무리는 아닙니다. 부처님은 농부의 자기중심적인 생각을 바로 잡아 주기 위해 조용히 게송으로 답을 하신 겁니다. 수행자로서의 청정한 모든 행위가 농사와 다를 것이 없다고 말입니다.

오늘날의 불자는 자신이 어떤 직업을 가지고 있든 그 직업에 자부심을 가지고 항상 최선의 노력을 기울여야 합니다. 직업에 대한 자부심을 불교적 믿음에 부합시키고, 매일 반복되는 일을 부단한 수행 정진으로 결합시키고, 어쩌다 실수를 하거나 과실이 발생하면 스스로 참회하는 기회로 삼는다면 일과 수행이 둘 아니게 자신을 자양自養시켜 줄 것입니다.

바람이 부니
구름이 흩어지네

# 닦을 것과 끊을 것

밝은 지혜로 일체를 환히 알아
닦아야 할 것은 이미 다 닦고
끊어야 할 것은 이미 끊었네.
그러므로 이름을 부처라 하네.

<u>잡아함 100 '불타경佛陀經'</u>

　가끔 아주 단순한 질문에 대답을 못하는 경우가 있습니다. 그럴 경우 '단순한 질문'은 결코 단순한 것이 아닙니다. 매우 근원적인 이야기를 해야 하고 그로부터 파생되는 여러 가지 경우들에 대한 판별을 해야 하니까 말입니다. 불교는 어떤 종교냐? 이런 질문을 받으면 숨이 턱 막히기 십상이죠. 어디서부터 이야기해야 할지 도무지 알 수가 없거든요. 질문은 간단하지만 그 답을 구하기 위해서는 진땀을 흘려야 하는데, 질문하는 사람의 수준을 알 수 없다면 더욱 정신이 혼미해집니다.

　그래서 선문답의 경우 어떤 질문에 즉답을 피하고 다른 행동을 통해 그 질문의 근원을 꿰뚫어 보려고 몸부림칩니다. "무엇이 부처입니까?" 하는 질문에 대답은 안 해주고 몽둥이를 들고 후려치기도 하고 악! 소리를 질러 사람을 깜짝 놀라게 하기도 합니다. 선어록을 읽다 보면 고승들이 무엇 때문에 그런 방법을 동원하는지, 과연 그 방법이 먹히기는 하는 건지 의심이 들지 않을 수 없습니다.

근원에 대한 질문은 근원을 파악하는 분명한 줄기를 보여주지 않으면 답을 할 수 없습니다. 사춘기 소년이 "사람은 왜 사는 거죠?" 하고 물으면 뭐라 설명할 길이 없습니다. 과거의 어른들은 "잡생각 말고 공부나 해라"고 혼쭐을 낼 뿐 아무런 대답도 해주지 않았습니다. 그게 과연 옳은 것이었을까요?

부처님도 그러한 질문을 숱하게 받았습니다. 그러나 그 모든 질문들에 대해 차근차근 예를 들어가면서 아주 친절하게 설명하신 분이 바로 부처님입니다. 배운 사람에게는 배운 사람의 근기에 맞게, 가난한 사람에게는 가난이라는 현실에 맞추어서, 병든 사람에게는 병고의 근원을 알 수 있도록 아주 친절하게 가르침을 펼치신 겁니다. 그래서 부처님의 가르침을 '응병여약應病與藥'이라 하죠. 병에 따라 약 처방을 달리하듯 사람에 따라 대답도 다르게 하신 겁니다.

어떤 사람이 당신을 부처라고 하는 이유가 무엇인가? 부처라는 것은 당신의 부모가 지어준 이름인가? 이런 질문을 했습니다. 부처님에게 당신은 어떤 존재이기에 승단을 형성하여 가르침을 펴고 존경을 받는가? 하는 상당히 도전적인 질문을 한 겁니다.

부처님의 답은 친절하고 명쾌합니다. 우리는 이 게송의 '닦아야 할 것을 이미 다 닦았고 끊어야 할 것은 이미 다 끊었네'라는 대목을 주목해야 합니다. 무엇이 닦아야 할 것이고 무엇이 끊어야 할 것인가? 불자라면 항상 이 두 가지 핵심적인 화두를 품고 살아야 합니다. 닦을 것과 끊을 것, 지금도 우리는 그 질문 속에 묻혀 있습니다. ᪥

# 인생이 무상하게 느껴질 때

물질은 모인 물방울 같고

느낌은 물 위의 거품 같으며

생각은 봄철의 아지랑이 같고

모든 지어감은 파초나무 같으며

모든 의식과 법은 꼭두각시 같다고 관찰하라.

**잡아함 265 '포말경泡沫經'**

사람들은 인생무상人生無常이라는 말을 자주 씁니다. 누구나 살다가 인생의 덧없음을 느끼게 됩니다. 어떤 일에 상당한 공을 들였건만 결과가 그리 만족스럽지 않게 나오면 한 숨을 내쉬며 "인생 참 무상하다"고 말합니다. 일 뿐 아니라 사람과의 관계에서도 무상을 느끼고, 자신의 의지에 대해서도 무상을 느낍니다. 흔히 한 숨을 내뱉으면서 말하는 무상에는 뜻대로 되지 않은 것에 대한 아쉬움이나 한탄조가 섞여 있습니다. 무상감은 변해가는 실체에 대한 덧없음을 느끼는 것이라 할 수 있습니다.

불교에서 말하는 무상은 '항상 됨이 없다'는 의미인데, 이 우주안의 그 어떤 것도 고정되어 있지 않고 변해간다는 것입니다. 한 시간 전의 나와 지금의 나는 절대 같을 수 없습니다. 한 시간 동안 수 없는 세포가 변했고 생각이 달라져 있으니까요. 지금 내 앞의 책상도 한 시간 전의 모습과 지금의 모습은 다릅니다. 우리가 느끼고 가늠할 수 없지만 아주 미세한 변화는 일어나고 있는 겁니다.

이 불교적 무상의 의미를 원자물리학에서 입증한 것은 이미 오래전의 일입니다. 원자핵이라든가 파동의 이론 등이 불교의 무상 이론을 증명하고 있는데, 종교적 논리를 과학적으로 증명한다는 것이 어떤 의미인지는 따로 생각해 볼 일이기는 합니다.

어쨌든 일체는 무상합니다. 모든 것이 변해가는 겁니다. 그 것을 인정하면 불자가 될 수 있지만, 그렇지 않으면 불자가 될 수 없습니다. 이 무상의 이론이 모든 경전을 이해하는 열쇠이기 때문입니다. 무상을 이해하지 못하는데 〈금강경〉을 이해한다는 것은 어불성설이고, 무상을 인정하지 않는데 〈법화경〉을 파악한다는 것은 있을 수가 없는 일입니다. 부처님이 깨달은 진리의 핵심이 바로 무상이고 그 무상의 흐름을 연기적 질서로 파악한 것이 불교 교리의 뼈대입니다.

위에 든 '포말경'은 마치 〈금강경〉의 마지막 대목을 연상하게 합니다. 일체의 존재를 물방울같이 보고, 일체의 느낌을 물거품 같이 이해하고, 생각을 아지랑이 같이, 행동하는 그 자체를 파초나무 같이하라는 가르침은 '모든 것은 무상하니 집착하지 말라'는 것으로 귀결됩니다.

어떤 물건이 '내 것'이라고 생각하는 순간 집착이 생기고 갈등이 생기며 누가 건드리면 싸움이 일어납니다. 무상을 알면 집착하지 않으니 갈등과 싸움이 생길 일도 없습니다. 인생이 무상하다고 느껴질 때 자신이 무엇을 얼마나 집착하고 있는지 살펴봐야 합니다. 🐚

# 무엇을 좋아하고
# 무엇을 싫어하랴

빛깔과 소리, 냄새와 맛
부딪침과 법의 여섯 경계에
한결같이 기쁨과 반가움 느껴
사랑하고 물들어 깊이 즐겨 집착하네.

모든 하늘과 세상 사람들
오직 이것으로써 즐거움 삼다
변하여 바뀌고 멸해 다할 때
그들은 곧 큰 괴로움 느끼네.

오직 모든 현인과 성인들
그 멸함을 보고 즐거움 삼나니
이 세상의 즐거워하는 것들
그것을 관찰하여 원수로 삼네.

현인과 성인들의 괴로움이라 보는 것을
이 세상에서는 즐거움이라 하고
이 세상에서 괴로워하는 것들
성인들은 그것을 즐거움이라 하네.

잡아함 308 '불염착경不染着經'

이 세상의 모든 것, 물질적인 것이나 의식적意識的인 것을 무상으로 파악하고 집착하지 않을 때 고통과 갈등이 없어집니다. 무상을 알면 집착하지 않고 집착하지 않으면 괴로움이 일지 않기 때문이죠. 부처님은 전법 초기에 바로 이 문제를 집중적으로 설하셨습니다.

눈에 보이는 사물에 대한 집착, 귀에 들리는 소리에 대한 집착, 코로 맡는 냄새에 대한 집착, 혀에 닿는 맛에 대한 집착, 몸으로 느껴지는 촉감에 대한 집착, 생각으로 형성되는 의식에 대한 집착. 이 여섯 가지 감각기관에 대해 응결되는 집착은 좋음과 싫음으로 받아들여지고 좋은 것에 대해서는 집착하게 되고 싫은 것에 대해 거부하는 마음이 일어나는 것입니다.

그래서 부처님은 모든 하늘과 세상 사람들은 여섯 감관으로 받아들이는 것에 미혹하여 그것을 즐거운 것으로 받아들이기 때문에 중생의 자리를 벗어나지 못하는 것이라 가르칩니다. 반면 현인과 성인들은 그 여섯 감관으로 받아들여지는 것들이 무상한 줄 알아 집착하지 않고 삼독에 물들지 않으므로 괴로움을 벗어난다고 하는 겁니다.

지금 보이는 것을 보고 즐거워해도 집착이고 슬퍼하거나 괴로워해도 집착입니다. 보이는 것의 무상함, 눈에 보이는 것의 실체가 없음을 절실하게 알지 못하기 때문입니다. 그렇다고 좋은 것을 좋아하지 말라는 것은 아닙니다. 좋은 것은 좋은 것이고 기쁜 것은 기쁜 것입니다. 싫은 것은 싫은 것이고 괴로운 것은 또 괴로운 것입니다.

무상하다고 하여 지금 받아들여지는 모든 것을 거부하라는 것이 아닙니다. 받아들이되 그 근본의 무상을 알아야 한다는 겁니다. 즐거움의 근본도 괴로움의 근본도 본래는 없다는 것을 말입니다.

많은 부모들은 자녀들이 자라면 공부 문제로 갈등을 하게 됩니다. 한 학교에 학생이 1000명이면 그 1000명의 부모들은 모두 자기 자식이 1등 하기를 바랍니다. 그러나 현실은 1등에서 1000등까지 등수가 매겨질 수밖에 없습니다. 그걸 받아들이지 않으면 괴롭고 자식과의 갈등이 삭혀질 수가 없습니다. 과연 우리 아이는 무엇을 잘 하는가? 무엇에 취미가 있고 무엇에 소질이 있는가? 이런 걸 관찰하고 꾸준한 대화와 소통을 통해 아이의 건강한 성장을 도와주는 것이 부모의 역할이라는 것을 모든 부모들이 잘 알고 있습니다.

그럼에도 불구하고 성적에 집착하고 일류대학에 우선적인 가치를 부여합니다. 부모의 이율배반에서 자식과의 갈등은 깊어질 대로 깊어지는 겁니다. 좋은 것과 즐거운 것이 전부는 아닙니다. 싫은 것과 괴로운 것이 영원하지도 않습니다. 보다 근원적인 곳에서 빛나는 진리를 발견하는 삶이 지혜로운 불자의 길입니다.

# 나를 버리면 '명중'이다

하나의 털을 백으로 나누어서
그 하나 쏘기 참으로 어렵나니
하나하나의 괴로움을 관찰하여
나 아니란 어려움 또한 그러하니라.

잡아함 405 '공경孔經'

우리나라 양궁은 세계 최고입니다. 2012년 런던올림픽에서
도 그렇고 2016년 리우 올림픽에서도 우리나라 양궁선수들은
거의 전 종목을 석권하며 세계 최강임을 입증하고 있습니다.
세계 여러 나라의 양궁 국가대표들을 훈련시키는 지도자들도
한국의 양궁지도자들입니다. 올림픽 양궁 경기를 볼 때, 우리
나라 선수들이 한 발 한 발 과녁을 향해 시위를 당기는 모습은
참으로 진지하고 긴장됩니다. 더러 다른 나라선수를 지도하는
감독이 한국 사람일 때는 아주 자랑스럽습니다.

　양궁 선수들의 훈련 과정은 매우 과학적이라고 합니다. 기초
체력이나 활을 쏘는 훈련 뿐 아니라 심리적인 안정을 위한 훈
련에도 상당히 공을 들인다는 이야기를 들었습니다. 뇌파측정

기를 동원하여 선수들의 심리적 안정을 점검하고 최상의 컨디션을 유지하는 훈련을 한다니 과연 세계 최강은 그냥 얻어지는 것이 아니라는 걸 알 수 있습니다.

양궁선수들의 심리적 안정과 세계적 실력은 매우 밀접한 관계를 갖습니다. 마음이 산란한데 어떻게 정조준을 하고, 힘을 고르게 분배하여 시위를 당기고 활을 쏠 수가 있겠습니까? 마음의 안정이 한국양궁의 기틀이라 해도 무방할 것입니다. 나는 양궁 선수들의 심리적 안정이야말로 일체의 번뇌를 떠난 고요한 경지일 것이라 생각합니다. 최고로 안정된 마음이란 바로 아무런 번뇌가 없는 상태일 테니까 말입니다.

부처님의 제자 아난다가 어느 날 탁발을 나갔습니다. 그가 마을을 향해 가다가 한 무리의 소년들을 만났는데, 그 소년들은 활을 들고 성 문 앞에 이르렀습니다. 그리고는 성의 문에 만들어진 작은 구멍을 향해 화살을 쏘았는데, 신기하게도 소년들은 작은 문구멍마다 화살을 정확히 쏘아 넣는 것이었습니다. 그걸 본 아난다는 아이들이 참으로 어려운 일을 해낸다고 기특하게 생각했습니다.

아난다는 탁발을 마치고 돌아와 공양을 한 뒤 부처님께 그 기특한 소년들의 활쏘기를 이야기 했습니다. 그러자 부처님은 소년들이 화살로 문구멍을 정확하게 맞히는 것보다는 터럭 하나를 백 개의 가닥으로 나누어 그 낱낱의 가닥을 맞히는 것이 훨씬 어렵지 않겠느냐고 말했습니다. 당연이 아난다도 "그렇습니다" 하고 동의 했습니다. 그 순간 부처님은 백 개로 나누어진 털의 가닥을 맞히는 것이 어려운 것처럼 사성제[고집멸도]의 근본을 살펴 자아에 대한 집착을 떨쳐내는 것도 어려운 일이라는 것을 알아야 한다고 설했습니다.

양궁 선수가 금메달에 대한 집착을 떨쳐버렸을 때 무념무상의 고요 속에서 과녁의 중앙을 맞힐 수 있듯이 인생의 모든 일도 욕심을 털어내고 집착을 벗어버릴 때 좋은 결과를 가져오는 법입니다. 나에게 집착하면 불발이고 나를 버리면 명중입니다. ✍

# 한 생각을 쉬는 힘

몸에 모든 괴로운 느낌을 내어

그것이 핍박하여 죽게까지 될 때에

근심하고 슬퍼하여 쉬고 참지 못하여

울고 부르짖으며 미친증 일어나면

마음에는 스스로 장애가 생겨

온갖 괴로움을 더욱 더 불러 모아

영원히 나고 죽는 바다에 빠져

편안히 쉬는 곳을 알지 못하리.


능히 이 몸의 모든 느낌을 버리어

몸에서 생기는 괴로움과 번민이

다급하게 들이닥쳐 죽게까지 되더라도

눈물 흘려 울거나 부르짖지 않으며

능히 스스로 온갖 괴로움 참으면

마음에는 장애가 생기지 않아

뭇 괴로움 더욱 불러 모으지 않고

나고 죽음에 빠져 잠기지 않아

영원히 안온한 곳 얻게 되리라.

잡아함 469 '심험경(深嶮經)'

스님들의 법문을 듣다보면 '한 생각을 쉬어라'고 하는 말을 많이 듣게 될 것입니다. 참선수행을 한 스님들이 특히 강조하는 말입니다. 한 생각을 쉬라는 말이 무슨 말인가요? 생각을 딱 한 번 쉬라는 것일까요? 하나의 생각을 쉬라는 것일까요?

굳이 풀이를 하자면 한 생각이란 순간적으로 솟아오르는 생각의 한 줄기 가닥이라고 할 수 있겠습니다. 그러나 그 한 생각에는 무수한 인과의 줄기가 따라오는 것이니, 중생의 생각은 수수만만의 인연줄기에 얽혀 있기 때문입니다. 그런 생각의 줄기를 쉬라는 것은 솟구치는 생각의 줄기를 싹둑 잘라버리라는 것입니다. 이 생각이 뭔가? 하는 의심조차 하지 말고 곧바로 잘라버려야 하는데, 생각의 줄기를 자른다는 생각도 이미 한 생각을 망쳐 버린 것이니 손 쓸 도리가 없습니다. 이렇듯 선적 경지에 들어가기가 어려운 겁니다.

그러나 우리에게 한 생각을 잘라 버릴 수 있는 힘이 없는 것은 아닙니다. 조금씩 연습을 해 나가면서 그 힘을 기르면 한 생각을 쉬어버리는 것이 충분히 가능합니다.

어떤 일을 당해 화가 치밀어 오를 때, 스스로 화가 치밀어 오른다는 것을 느끼게 됩니다. 그 순간 '아 내가 지금 화를 끌어

내고 있구나' 하고 느낄 수 있다면 그 화를 도로 집어넣어 버릴 수도 있습니다. 화의 줄기를 잘라 버리는 것이지요. 그런데 화가 치솟아 오르는 자신을 느끼기 전에 화에 스스로 끌려가서 그 화를 발산하면 이미 화의 노예가 되어 버리는 겁니다. 내가 화를 내는 것이 아니라 화가 화를 내고 화가 나를 불태우는 것이지요.

한 생각을 쉬라는 것은 바로 그 화라는 감정이 솟구칠 때, 그 순간의 판단력으로 화를 억눌러 보라는 겁니다. 그리하면 화가 꾹 참아지고 화를 참으면 그 분노의 불길에 자신이 타지 않으니 주변 사람과 싸울 일도 없어집니다. 한 순간의 마음 다스림이 엄청난 차이의 결과로 돌아가는 겁니다.

그러나 화가 솟구치는 그 순간, 자신을 컨트롤 하기란 쉽지 않습니다. 그만큼 수행하여 내공을 길러야 합니다. 솟구치는 화의 불길을 잡을 수 있는 힘을 기르기 위해 수행을 하는 것입니다. 항상 자신의 감각이 어디서 어떻게 어디로 흐르고 있는가를 살핀다면 스스로 한 생각을 쉬는 일도 가능해질 것입니다.

그래서 어떤 방법이든 수행을 하라는 것입니다. 참선이든 염불이든 자신이 선택하고 집중하여 수행한다면 자기를 바로 볼 수 있고, 자기를 바로 보면 자기를 다스릴 수도 있습니다. 부처님은 자기를 바로 보는 길을 안내하시는 분입니다. 그 길에 사성제가 있고 팔정도가 있고 12연기가 있으며 팔만대장경의 가르침이 있는 것입니다. ✍

# 한결같이 좋은 인연

바른 법을 알뜰히 닦아 익히고
착하지 않은 업을 멀리 떠나면
그는 번뇌가 다한 아라한이라
험악한 세상에서 평등하니라.

잡아함 579 '불습근경不習近經'

우리 속담에 '천리 길도 한 걸음부터'라는 말이 있습니다. 아무리 먼 곳을 향해 가더라도 첫 걸음을 떼지 않으면 갈 수가 없습니다. 무슨 일이든 순리대로 차근차근 해야 한다는 말입니다. 〈백유경〉에는 3층짜리 좋은 집을 짓고자 하는 사람이 "1층과 2층은 필요 없으니 3층만 지으라"고 닦달하는 이야기가 나옵니다. 1층이 없는데 어떻게 2층이 있을 수 있고 2층이 없는데 어찌 3층이 있을 수 있겠습니까? 모든 일에는 순서가 있고 질서가 있는 법입니다.

불교 집안에서는 '초발심시변정각初發心是變正覺'이라는 말이 있습니다. 처음 수행의 길에 들어서는 그 마음이 바로 정각을 이루는 마음이 된다는 것입니다. 처음 먹은 마음이 이어지고 이어지면서 발전하고 발전하여 성불에 이르게 된다는 것입니다. 중생의 마음을 변화시켜 부처가 되는 것은 중생의 마음이 원래부터 부처의 마음이었기 때문입니다. 맑은 거울에 먼지가 끼면 탁해지는데, 그것을 다시 닦으면 맑은 거울이 드러나는 것과 같은 것입니다.

보통 사람이 변하여 성인이 된다[革凡成聖]는 말이 있습니다. 보통 사람의 마음 역시 성인의 마음과 다르지 않습니다. 어떤 인연에 의해 범부노릇을 하게 되었지만 다시 노력하여 성인의 기질을 회복하면 곧바로 성인이 될 수 있는 것입니다.

누구든 절대적으로 악인은 아닙니다. 아무리 악한 사람도 어느 한 구석에는 착한 마음이 있고, 그 선한 마음을 자꾸자꾸 끄집어내면 언젠가는 악심이 사라지고 항상 선한 마음을 쓰는 사람으로 변하게 되는 겁니다.

그래서 부처님은 바른 법을 알뜰히 닦아 익히고 착하지 않은 법을 항상 멀리하라고 했습니다. 변함없이 그렇게 하면 반드시 아라한이 되어 마침내 성불할 수 있을 것이기 때문입니다. 〈초발심자경문〉 첫 대목이 '처음 마음을 낸 사람은 악한 벗을 멀리하고 어질고 착한 이를 가까이 하라'는 것입니다. 자신의 수행은 바로 주변의 관계를 맑게 하는 것부터 시작됩니다. 알고 보면 악한 벗이 따로 있는 것도 아닙니다. 자신의 수행에 도움이 되지 않는 모든 관계를 정리하고 오직 수행에 힘이 되는 인연을 지으면서 살아야 한다는 것입니다.

처음이나 중간이나 끝이나 한결같이 진지하고 선하고 친절한 그런 사람이 되도록 스스로의 거울을 밝혀 봅시다.

# 번뇌도 기쁨도 본래 없다

번뇌에서 기쁨이 생기고
기쁨도 또한 번뇌에서 생긴다.
번뇌도 없고 기쁨도 없음을
천신은 마땅히 보호해야 하느니라.

**잡아함 585 '독일주경獨一住經'**

번뇌가 곧 보리[煩惱卽菩提]라는 말이 있습니다. 번뇌와 지혜가 다르지 않다는 말입니다. 번뇌나 지혜나 결국 버려야 할 뗏목에 불과한데 번뇌는 싫어하고 보리는 좋아하는 대상으로 여기는 것입니다. 중도의 길에서는 좋은 것도 나쁜 것도 버려야 할 대상이지 품어 안고 갈 것은 아니라는 말입니다. 거문고 줄이 너무 느슨해도 좋은 소리가 나지 않고 너무 팽팽해도 좋은 소리가 나지 않듯 극단적인 것은 진리를 담보하지 못합니다.

번뇌에서 기쁨이 생기고 기쁨에서 번뇌가 생기는 이치를 잘 알고 그 두 극단의 어느 것에도 머무르지 않기에 부처의 경지를 이룰 수 있는 것입니다.

어느 때에 천신이 나타나 부처님에게 물었습니다. "당신은 근심이 있느냐"고. 그러자 부처님은 "무엇을 잃었기에 근심하느냐"고 반문했지요. 다시 사문이 물었습니다. "당신은 기쁨이 있느냐"고 다시 부처님은 "무엇을 얻었기에 기뻐하느냐"고 반문했습니다. 잃은 것도 없고 얻은 것도 없으니 근심하고 기뻐할 일도 없다는 부처님의 대답은 일체의 세속적 물욕을 벗어난 청정한 법신을 나타내 보인 것입니다. 그렇게 집착하는 바가 없기 때문에 사문으로서 혼자 살아가는 것이라고 말입니다.

지금 기쁘다고 그 기쁨이 영원한 것도 아니고, 지금 슬프다고 그 슬픔 또한 영원하지 않습니다. 기쁨도 슬픔도 잠시의 일일 뿐입니다. 지나가고 마는 것이지요. 다윗 왕이 반지에 '이 또한 지나가리라'라는 문구를 새겨두고 좋은 일이 있을 때나 나쁜 일이 있을 때나 되새김을 했다는 이야기는 유명합니다.

우리가 살아가면서 보아야 할 것은 지금 눈앞만이 아닙니다. 이 순간이 오기까지 많은 시간이 있었고 이 순간이 지나고 나면 또 무한한 시간이 다가옵니다. 그 시간을 따라 얼마나 많은 인연들이 얼마나 많은 모습으로 다가올지는 아무도 모릅니다. 그러므로 지금이 끝이 아니라 지금이 시작이라는 것을 생각해야 합니다. 지금의 기쁨이 슬픔의 시작일 수 있고 지금의 슬픔이 기쁨의 시작일 수도 있습니다.

부처님은 기쁨도 슬픔도 본래 없는 것임을 명심하라고 누차 강조하십니다. 본래 없는 것인데 지금 잠시 다가와 있는 그 허상에 끌려가지 말라는 것입니다. ✍

# 계산 없는 마음으로

보시하는 이는 사람들이 사랑하고
많은 사람들 그 이를 따르나니
그 이름은 날로 더욱 높아가
멀리나 가까이나 두루 들리네.

대중과 함께 있어 언제나 부드럽고
아낌을 떠났으매 두려움이 없나니
그러므로 그 지혜로운 보시는
아낌을 아주 끊어 남음이 없네.

잡아함 622 '암라녀경菴羅女經'

어느 날 부처님이 암바팔리 동산에서 제자들에게 설법을 할 때 한 여인이 찾아 왔습니다. 경전에서는 그 여인의 이름을 암바팔리라고 소개하고 있습니다. 암바팔리 동산 인근에 사는 여인이기에 그렇게 이름 하였는지 모르겠습니다만. 부처님은 그녀의 초청으로 제자들과 그녀의 집에 가서 공양을 받았고, 그녀를 위해 법을 설하셨습니다. 바로 보시의 공덕에 대한 설법이었던 것입니다.

방송이나 신문 인터넷을 통해 자주 기부천사들의 이야기를 접할 수 있습니다. 나눔을 실천하는 사람들이 늘어나고 있습니다. 이웃의 고통만 살피는 것이 아니라 세계적으로 자비를 실천하는 사람들도 많습니다. 아시아 빈민국에 대한 불교계의 조직적인 자비행은 아름답기 그지없습니다. 우물을 파주고 학교를 지어주고 기술을 가르쳐 주는 단체들의 활약은 매우 의미가 있습니다. 그러한 기반시설에 대한 지원 사업들은 어려운 그들에게 한 끼의 밥을 주는 것이 아닙니다. 밥 지을 쌀을 농사 짓는 법을 가르치는 것이지요.

진정한 보시는 무주상입니다. 대가를 바라지 않고, 나아가 자신이 지금 보시행을 하고 있다는 생각마저도 버릴 때 진정한 보시가 된다는 것이 불교의 입장입니다. 자비를 베풀되 자비를 베푸는 그 자체에도 집착하지 않아야 진정한 자비행이라는 겁니다.

물론 세상에는 많은 형태의 자비행이 있습니다. 다 그런 것은 아니지만 대개의 관료나 정치인들은 사진을 찍기 위해 선행을 연출합니다. 그런 반면 이름도 얼굴도 숨긴 채 구세군 냄비에 1억 원을 쾌척하고 달아나는 사람도 있습니다. 어떤 형태이든 안 하는 것보다는 좋은 것이 기부겠지만, 불자들에게는 좀 의미가 다릅니다. 불교에서 가르치는 무주상 보시는 3가지가 깨끗해야 하기 때문입니다. 주는 사람의 마음이 깨끗해야 하고 받는 사람의 마음이 깨끗해야 합니다. 그리고 주는 그 물건 또한 깨끗해야 합니다. 남의 물건을 훔쳐서 다른 이를 돕는다면 그것은 바른 보시라 할 수 없습니다. 아까운 마음을 억누르고 다른 계산을 하면서 남을 돕는 것도 자신에게 큰 죄를 짓는 것입니다. 조건도 계산도 없는 마음으로 아낌없이 남을 도와야 합니다.

# 목숨 걸고 공부하라

알뜰한 마음과 바른 생각으로
기름 바루를 보호해 가지 듯
그 마음을 따라 보호하면
일찌기 이르지 못했던 곳
지극히 어려움도 지나갈 수 있으리.

훌륭하고 묘하며 또 미세한
모든 부처님의 말씀하신 바
그 가르침의 날카로운 칼을
마땅히 그 마음 오롯하게 하여
알뜰히 보호해 가져야 하네.

저 못난 범부들의
방일하는 그 일로는
이러한 방일하지 않은
가르침에는 들어가지 못하네.

잡아함 623 '세간경世間經'

이 게송이 탄생한 배경이 참으로 흥미롭습니다. 어느 날 부처님이 제자들에게 질문을 했습니다. 아주 아름다운 미녀가 있다면 세상 사람들은 모여들어 그녀를 볼 것이냐는 것이었습니다. 제자들은 그렇다고 답했습니다. 부처님은 다시 그 미녀가 노래를 잘 하고 악기를 잘 다루어 길에서 춤을 추면서 공연을 한다면 사람들은 모여들어 구경을 하겠느냐고 물었습니다. 제자들은 당연히 그렇다고 답했습니다.

그러자 부처님은 묘한 상황을 설명해 제자들의 생각을 묻습니다. 그 묘한 상황이란, 아주 예쁜 여인이 악기를 연주하고 노래하고 춤추는 곳에 많은 사람들이 모여 구경을 할 때 한 사람이 그 옆을 지나갑니다. 그는 두 손으로 발우를 들고 있는데 그 발우에는 기름이 가득 차 있습니다. 그리고 그 뒤를 한 사람이 칼을 들고 따르는데 기름을 한 방울이라고 흘리는 순간 그의 목을 베어버리기 위해서입니다.

길에는 사람들이 많고 그 사람들 사이에서 대단한 미색을 갖춘 여인이 악기를 연주하고 노래하며 춤을 추는데, 손에 기름이 찰랑대는 발우를 들고 그 곁을 지나가야 하는 남자의 마음은 어떨까요? 더구나 바로 뒤에 칼을 들고 따라오는 사람은 자신이 기름을 한 방울만 흘려도 목을 베어버리는 상황이니 그 남자의 심정은 어떻겠습니까?

부처님은 바로 그러한 절체절명의 순간을 걸으며 살기 위해 애쓰는 남자의 심정으로 수행에 집중하면 죽임을 당하지 않을 것이라고 말했습니다. 옛 스승님들도 한결 같이 공부를 할 때는 목숨을 걸어놓고 하라고 하셨습니다. 한눈팔다가는 언제목이 날아갈지 모르는 절박한 심정이면 이루지 못할 공부가 없다고 말입니다. 지금 당신의 정신은 어디에 있습니까?

# 자기를 낮추는 만큼

보시와 좋은 말과 이익 주기와
이익을 함께하는 모든 행으로
그 취하는 바 각각 따라 행하나니
이 네 가지로 세상을 거두어 줌
수레가 공을 인해 구르는 것 같아라.

잡아함 669 '섭경攝經'

불교의 기초교리를 공부한 사람들은 사섭법四攝法이란 말을 들어 보았을 겁니다. 보살심을 가진 사람이 중생을 교화하기 위해 갖추어야 하는 가장 기본적인 덕목 4가지를 말합니다. 그 네 가지는 보시섭布施攝 애어섭愛語攝 이행섭利行攝 동사섭同事攝 입니다.

잘 아는 바와 같이 보시는 남을 위해 베푸는 것입니다. 물질만 베푸는 것이 아니라 진리를 가르쳐주는 것도 보시에 해당합니다. 애어는 좋은 말인데 말만 좋은 것이 아니라 얼굴 표정도 따뜻하게 하여야 합니다. 인상을 찌푸리면서 좋은 말을 할수는 없으니까요. 이행이란 이익되는 행동을 말하는데, 몸으로

하는 행동뿐 아니라 말과 마음 쓰는 것도 다 포함됩니다. 그리고 동사섭이란 어떤 일이든 함께 하는 것입니다. 어려운 일 힘든 일도 함께 하며 힘을 덜어주고 마음의 위로를 주는 것이라 할 수 있습니다.

대승불교의 위대함을 한 마디로 요약하면 바로 '함께'라고 할 수 있습니다. 큰 수레라는 의미의 대승이 함께 타고 간다는 의미이듯이. 사섭법도 함께 하는 이치를 설명하는 것입니다. 누가 누구와 함께 하는가? 보살이 중생과 함께 하는 겁니다. 그러면 보살은 어떤 존재인가? 여기서는 좀 편하게 생각해야 합니다. 보살이란 복잡하게 생각할 것 없이, 보살심을 낸 사람입니다. 평범한 범부일지라도 어느 순간 '아 불쌍하구나. 저 사람을 도와야겠다'하고 생각한다면 그 순간 그 사람은 보살이고 , 그가 돕는 행동을 하는 그 자체가 보살행입니다. 잠시 보살이 되어 보살행을 하고 다시 중생으로 돌아올지라도 자꾸자꾸 보살의 생각을 일으켜 보살행을 지어가라는 것이 대승불교의 가르침입니다.

함께하기, 이 보다 더 숭고한 가치는 없습니다. 어쩌면 사람은 단 한 순간도 누구와 함께하지 않을 수 없는지 모릅니다. 더구나 각가지 네트워크가 발달한 현대사회에서는 함께 하지 않는 일도 없습니다. 입고 있는 옷이나, 타고 다니는 차량이나, 잠시 쉬는 공원까지도 누군가의 손에 의해 형성되었으니 말입니다. 인터넷 공간에서 무수한 정보들이 떠다니는 이 시대에 혼자살기란 불가능한 일입니다.

그래서 타인과 다른 생명체에게 겸손해야 하고 자만하지 말아야 합니다. 내가 한 발을 내 딛는 그곳에 다른 수많은 이들과의 관계망이 정밀하게 얽혀 있으니 말입니다.

가진 것을 나누고, 공손하고 겸양하는 말을 쓰고, 함부로 행동하지 말고, 남의 입장에서 생각하며 살아가야 합니다. 자기를 낮추는 만큼 상대가 높아지고, 상대가 높아진 만큼 자신이 행복해집니다. 그것이 대승의 진리입니다. ✍

바람이 부니
구름이 흩어지네

# 엿장수 마음대로

믿음의 힘과 정진의 힘

제 부끄러움과 남부끄러움의 힘

바른 생각과 선정 지혜의 힘

이것을 일곱 가지 힘이라 하네.

이 일곱 가지 힘을 이루어 마치면

온갖 번뇌를 다하게 되리라.

잡아함 688 '칠력경七力經'

　불교는 마음의 종교라고 말합니다. 마음이란 무엇인가? 이에 대한 정답을 찾는 것이고, 마음을 다스리고, 마음을 잘 쓰기를 가르치는 종교입니다. 그런데 마음이란 도대체 무엇인가 하는 문제를 시원하게 풀고 사는 사람은 별로 없습니다. 어쩌면 영원히 정답이 없는 것이 마음일지도 모릅니다. 부처님도 수많은 경전을 통해 마음을 잘 다스리라고 하셨지 마음이 무엇이라고 설명하지는 않습니다.

　마음을 단적으로 정의하지 않는 것은 마음은 단적으로 정의할 수 없는 것이기 때문입니다. '무엇이다.' '이것이다.' '이런 것이다.' 라고 잘라 말할 수 없는 것이기에 이런 저런 조건에 따라 마음을 표현할 뿐 그 실체를 말하지는 못하는 것입니다. 마음은 없는 것이라면 좋겠지만 그 없다는 말 또한 조건적인 것이어서 절대 공성에 의거한 답이 될 수 없습니다.

그래서 〈금강경오가해〉의 서문에서는 "여기 한 물건이 있으니 이름과 모습은 단절되었고 고금古今을 꿰뚫었으며 한 먼지 속에 있으면서 우주를 에워싸고…" 이런 식으로 표현하고 있습니다. 뭐라 이름 지을 수도 없고 어떻다고 형상으로 표현할 길도 없고 시간과 공간을 초월해 버린 그 무엇이 마음이라고 설명하는 겁니다. 그러면서도 끝내 마음이 무엇이라고 단정하지는 못합니다. 〈금강경〉이 공空의 도리를 설하는 경전임에도 정작 공이라는 글자는 한 자도 드러내지 않는 것처럼 말입니다.

그러므로 마음이 무엇이냐고 물으면 오래된 넌센스 퀴즈 하나를 내면 됩니다.

"엿장수가 한 시간 동안 가위를 몇 번 치는지 아느냐?" 다들 아시는 대로 정답은 "엿장수 마음대로"입니다. 그것이 마음입니다. 제 마음대로 제 인연대로 제 근기대로 그렇게 부려먹고 사는 것이 마음입니다.

그렇다고 마음은 없는 것도 아닙니다. 이 몸을 움직이는 원초적인 명령자는 마음이기 때문에 없다고 할 수 없습니다. 다만 스스로 인식하는 그 순간순간에 그 인식의 주인공이 될 수 있다면 어리석은 삶은 면할 수 있습니다.

부처님은 믿음의 힘과 정진의 힘, 스스로 부끄러운 줄 알고 남부끄러운 줄 아는 힘, 바른 생각, 선정, 지혜의 일곱 가지 힘을 자기화시키면 온갖 번뇌를 끊을 수 있다고 가르칩니다. 그 일곱 가지 힘, 결국 마음의 문제입니다. 매 순간 자신의 마음이 어디를 향하고 있는지 살피고 또 살피시기 바랍니다.

# 헌신하는 마음

탐욕과 성냄
잠, 들뜸과 의심
이러한 다섯 가지 덮개는
모든 번뇌를 자라게 한다.

이 다섯은 세간을 덮어
깊이 집착해 건지기 어렵나니
중생들 눈을 막고 가리어
그 바른 도를 못 보게 한다.

잡아함 707 '장개경障蓋經'

인격이 훌륭한 사람이란 어떤 사람일까요? 인류의 역사에는 무수한 성인들이 있었고 그들은 모두에게 존경스러운 인덕을 베풀었습니다. 물론 앞으로도 많은 성인이 나타나 고매한 인품으로 역사에 길이 귀감이 될 것입니다.

누구에게나 존경받는 성인은 반드시 누구에게나 존경받을 만한 성품을 보였고 말을 남겼고 행동을 남겼습니다. 그들의 공통점은 '사랑의 실천'이고 '평화의 수호'이고 '행복의 나눔'이라고 할 수 있습니다. 사랑과 평화와 행복, 이 세 가지도 결국 하나의 뿌리에서 나오는 것이니, 그 뿌리는 바로 자비심입니다.

자비심은 이타행利他行의 극치입니다. 남을 위해 헌신하는 마음이 없으면 누구에게나 존경받을 보편적 기준을 갖추지 못하는 겁니다. 인류의 위대한 성인들은 모두 자신을 버리고 남의 행복을 위해 살았습니다. 굳이 성인이 아니어도 남을 위해 가치있는 삶을 사는 사람도 부지기수입니다.

욕심을 버리지 못한 사람은 이타행을 할 수 없습니다. 가끔 남을 위해 희생할 수는 있겠지만 조건 없이 지속적으로 자비를 실천할 수는 없습니다. 성을 잘 내는 사람도 남을 이롭게 할 수 없습니다. 성을 낸다는 것은 이미 자신 속에 탐욕과 집착의 불덩어리를 가득 채우고 있다는 것입니다. 자신의 뜻을 굽힐 줄 모르고 현실을 너그러이 이해하고 받아들일 줄 모르기에 벌컥벌컥 성을 내는 것입니다. 그런 사람은 결코 남을 편하게 할 수 없습니다.

잠이 많은 사람도 남에게 존경 받을 수 없습니다. 잠이 많다는 것은 자기 절제력이 약하고 게으르다는 것입니다. 그런 사람은 자신 하나도 건지지 못합니다. 그러므로 남을 이롭게 할 에너지가 없습니다. 자주 들뜨고 남을 의심하는 사람도 존경 받을 수 없습니다. 자신에 대한 확신이 없을 때 마음이 산란하여 행동이 들뜨고 남을 의심하는 법입니다. 그런 사람은 절대로 남을 행복하게 할 수 없고 오히려 자신의 행복도 지키지 못합니다.

하루 한 번이라도 욕심을 줄이고 화를 낮추고 잠과 들뜸과 의심의 굴레를 벗어나고자 노력해야 합니다.

# 마음의 출가

집에 있거나 집을 나가거나
삿된 일을 일으키는 이
그는 마침내 저 위없는
그 바른 법 즐겨하지 않는다.

집에 있거나 집을 나가거나
올바른 일을 일으키는 이
그는 언제나 저 위없는
바른 법을 마음으로 즐거워한다.

잡아함 751 '기경起經'

승려에게 있어 출가出家는 수행의 출발입니다. 왕자 고타마시
타르타의 출가가 없었다면 오늘날 불교도 없을 것입니다. 시타
르타 왕자가 끝없는 번민 속에 출가를 결행한 것은 집에서는
도저히 해결할 수 없는 문제가 있었기 때문입니다. 그 문제는
생로병사의 원인이라고 말하지만, 보다 근원적으로 우주의 모
든 질서를 관통하는 진리에 대한 갈망이었습니다.

무엇 때문에 나고 죽음이 반복되고 무엇 때문에 사랑과 미움의 굴레를 벗어나지 못하고, 무엇 때문에 돈과 명예와 권력으로부터 자유로워질 수 없는가? 이런 문제에 대한 답을 집에서는 도저히 찾을 수 없었던 것입니다. 왕자의 신분으로 부족할 것이 없는 생활을 하는 동안 가슴을 불태우는 고뇌의 불길을 끌 수 있는 것은 어디에도 없었던 것입니다. 집이라는 공간이 이미 탐욕과 집착의 조건들인데 그 속에서 위없는 진리를 찾는 것은 있을 수 없는 일인 겁니다.

성벽을 넘어 출가한 시타르타 태자는 먼저 머리카락을 자르고 값진 옷을 버리고 사냥꾼의 누더기를 얻어 입습니다. 집에서의 사치스러운 흔적이 수행에 방해가 될 것을 염려했기 때문입니다. 출가는 집이라는 공간만 버리는 것이 아니라 집에서 익힌 습관들마저 버리는 것입니다.

그러므로 몸의 출가보다 중요한 것이 정신의 출가이고 마음의 출가입니다. 몸은 산중 절간으로 왔지만 마음은 여전히 저 잣거리를 헤매고 있으면 그것은 출가라 할 수 없습니다. 차라리 몸은 저잣거리에 있을지라도 마음은 언제나 고요한 숲길을 걷고 있다면 그가 진정한 출가자라 할 수 있을 겁니다.

그래서 옛 스승들은 매일 아침 눈을 뜨면 그 순간이 새로이 출가한 순간이라고 가르쳤습니다. 새벽에 눈을 뜨고 일어나면서 '오늘도 나는 출가를 하는구나.'라며 초발심을 추스르라고 말입니다. 이러한 가르침은 출가자에게만 해당되는 것이 아닙니다. 재가불자라도 매 순간 세속적 욕망의 굴레를 벗어 놓고 온전히 마음 비워 불성을 응시하면 그 순간이 출가의 행복이 되는 겁니다. 몸은 세간에 있거나 출세간에 있거나 상관없습니다. 진정 중요한 것은 마음의 출가인 것입니다.

# '번뇌 군사'에게 항복 받기

믿음과 계율로 법 굴레 삼고

부끄러워함으로 긴 고삐 삼아

바른 생각으로 잘 지켜 가지면

그를 일러 훌륭한 어자御者라 하느니라.


버림과 삼매로 멍에를 삼고

지혜와 정진으로 바퀴 삼으며

집착 없음, 참음으로 갑옷 삼으면

안온하고 법답게 행할 수 있어


바로 곧게 나아가 물러나지 않고

근심 없는 그곳으로 아주 가나니

지혜로운 사람은 싸움 수레 타고

지혜 없음 원수를 무찔러 항복받네.

잡아함 769 '바라문경婆羅門經'


어느 날 아침, 아난다가 탁발을 하러 시내에 가는 길에 아주

바람이 부니
구름이 흩어지네

아름다운 마차를 타고 지나가는 젊은 바라문들을 만났습니다. 그들은 흰 말이 끄는 흰 마차에 흰 일산 등으로 고급스럽게 장식된 훌륭한 마차행렬을 이어가고 있었습니다. 사람들은 저마다 훌륭한 마차가 지나간다고 감탄을 했습니다. 아난다는 그 광경을 보았고 탁발을 마치고 아침 공양을 마친 뒤 부처님께 그 사실을 이야기 했습니다. 그리고 그 마차의 행렬은 진정한 바라문의 행렬이라고 할 수 있는지 여쭈었습니다. 부처님은 단호히 그런 마차의 행렬은 세속의 것이라고 말했습니다.

"그것은 세속 사람의 수레요 우리 법률이나 바라문의 수레는 아니다. 아난다여, 우리 바른 법률 수레는 하늘 수레, 바라문 수레, 큰 수레로써 번뇌 군사를 항복받는 것이니, 자세히 듣고 잘 생각하라. 너를 위해 말하리라. 아난다여, 어떤 것이 우리 바른 법률 수레, 하늘 수레, 바라문 수레, 큰 수레로써 번뇌 군사를 항복받는가. 그것은 이른바 여덟 가지 바른 길이니, 즉 바른 소견과 나아가 바른 선정이다. 아난다여, 이것을 '바른 법률 수레, 하늘 수레, 바라문 수레, 큰 수레로써 번뇌 군사를 능히 항복받는 것'이라 하느니라."

주변 사람이 고급 승용차를 사면 누구나 그것을 부러워할 것입니다. 사회적인 분위기로 볼 때 승용차가 사람의 지위나 경제력을 대변해 준다고 할 수는 있습니다. 그러나 고급 승용차가 그 사람의 인격 혹은 덕성이라고는 할 수 없습니다. 중요한 것은 차가 아니라 사람일 뿐이니까요. 바라문 청년들의 마차행렬이 아무리 화려해도 그 청년들의 마음이 정의롭지 못하면, 한낱 허깨비 놀음일 뿐입니다. 그래서 부처님은 8정도를 바르게 닦으면서 살아가는 것이 진정한 복덕의 삶이라고 가르치는 것입니다. 게송의 어자御者는 짐승을 잘 길들여 부리는 사람이란 뜻이니, 스스로 마음을 잘 단속하여 어김이 없는 사람으로 이해하면 됩니다.

# 저 언덕으로 건너가자

모든 사람으로서
저 언덕에 건넌 이 드물게 있고
세상 사람으로서
대개는 이 언덕에 어정거리고 있네.

우리의 이 바른 법을
능히 잘 따라 행하는 사람
그는 저 나고 죽음의
건너기 어려운 강 건너느니라.

잡아함 '피안경1彼岸經'

사람은 누구나 이상향理想鄕을 지니고 삽니다. 고달픈 현실에서 보다 행복해지고 싶은 마음으로 품는 이상적인 세상이 이상향입니다. 사전적으로는 '인간이 생각할 수 있는 최선의 상태를 갖춘 이상적이고 완전한 상상세계'라고 풀이되고 있습니다. 현실적인 세상이 아니라 상상속의 세상, 그렇게 되기를 희망하는 세상이란 뜻입니다.

그러나 우리는 이 이상향이 전혀 이루어질 수 없는 것, 다가 갈 수 없는 것, 비현실적인 것이라고는 생각하지 않습니다. 상상으로 그려내는 세상이지만 가능성도 있다고 믿는 것입니다. 서양에서는 16세기에 발간된 토마스 모어의 〈유토피아utopia〉라는 책으로부터 이상향의 세계를 유토피아라고 부르고 있는데, 이 말은 그리스어 '아니다'의 'ou'와 장소 'topos'의 합성어로 '아무데도 없는'이라는 뜻입니다. 그러니까 욕망과 갈등, 차별과 부조리가 존재하는 인간의 세상이 아닌 곳을 표현한 것입니다.

중국에서의 이상향은 단연 '무릉도원'입니다. 도연명의 〈도화원기〉에서 유래된 이 말 역시 탐욕과 속박 등이 없는 아주 한가롭고 평온한 신선의 세상을 뜻합니다. 〈도화원기〉에서는 평화로이 닭이 울고, 전쟁이나 질병 같은 환란은 아예 없으며, 사람들의 얼굴이 아주 평온한 어느 마을로 표현되고 있습니다.

이상향이란 '인간 이상의 세상'이라고 생각할 수 있습니다. 그렇다면 불교의 이상향은 어떤 것일까요? 바로 '피안彼岸'이라는 말로 풀이하고 있습니다. '저 언덕'이라는 뜻입니다. 중생들이 탐진치 삼독에 물들어 사는 이쪽 언덕이 아니라, 청정하고 밝은 불성으로 살아가는 부처의 세상인 저 언덕을 피안이라 하는 것입니다.

인간의 세상은 고통의 현장입니다. 탐진치 삼독이 가득하여 탐욕의 불길이 그치지 않고 타오르는 세상입니다. 자신의 이익을 위해 이웃을 죽이고, 형제와 다투고, 이웃나라와 전쟁을 하고, 거짓말을 하는 그런 세상입니다.

이쪽 탐욕의 세상에서 저쪽 무욕의 세상으로 가기 위한 방법이 있습니다. 게송에서 말하는 '이 바른 법'입니다. 바른 법은 바로 바른 소견, 바른 뜻, 바른말, 바른 행위, 바른 생활, 바른 방편, 바른 생각, 바른 선정 즉 팔정도八正道입니다.

팔정도의 여덟 가지 덕목은 그냥 나열하여 설명하는 교훈이 아니라 우리가 살아 숨 쉬는 이 존재의 전체를 관장하는 것입니다. 숨 쉬고 생각하고 행동하는 그 자체를 삶이라 할 때 바른 삶을 살아가려는 부단한 노력이 이상향의 세계인 저 언덕으로 가게 하는 동력이 된다는 것입니다.

피안이란 바로 부처의 세상이며, 일체의 보살들이 서원한 극락정토라는 것을 잊지 말아야 합니다. 그리고 가장 중요한 것은 "나는 반드시 저 언덕으로 갈 수 있다"는 믿음입니다. 🪷

# 기름이 다해 불이 꺼지듯

세 가지 공부를 완전히 갖추면
그것은 비구의 바른 행이네.
왕성한 계율과 마음과 지혜의
세 가지 법을 닦아 꾸준히 나아가라.

용맹스럽고 튼튼한 성에서
언제나 모든 감관 지키어 단속하되
낮과 같이 밤에도 그러하고
밤과 같이 낮에도 그러하며
앞과 같이 뒤에도 그러하고
뒤와 같이 앞에도 그러하며
위와 같이 아래서도 그러하고
아래와 같이 위에서도 그러하라.

한량이 없는 모든 삼매는
일체의 모든 곳을 두루 비추네.
이것을 깨달음의 자취라 하며

바람이 부니
구름이 흩어지네

가장 맑고 시원한 원인이 되네.

무명의 승강이를 버리고 떠나
이 마음은 잘 벗어났나니
나는 이 세간의 깨달은 사람
지혜와 실천을 완전히 갖추었다.

바른 생각으로 잊지 않고 살아가면
그 마음 능히 벗어남 얻어
몸이 무너지고 목숨이 끝나는 것
기름이 다해 불이 꺼지는 것 같으리.

잡아함 816 '학경學經'

삼학三學에 대한 가르침입니다. 삼학은 계율戒律과 선정禪定 지혜智慧에 대한 것으로 불교 수행의 기본이 되는 덕목입니다. 그래서 교리적으로 매우 중요하게 여겨지고 학술적으로도 상당히 깊이 연구되는 분야이기도 합니다.

계는 마음을 조절하는 것입니다. 좋은 습관을 들여 마음이 흐트러지지 않게 하고 악한 쪽으로 기울지 않도록 하는 것이죠. 여기에서 모든 계율이 나오게 되고, 그 계율에 의한 삶으로써 불성을 증득할 수 있습니다.

그렇게 마음과 몸이 조절되면 다시 흐트러지지 않게 통일시키고 집중하는 과정이 필요합니다. 순간순간이 아니라 항상 바른 생각과 바른 몸가짐 그리고 바른 행동을 지켜 가기 위해서는 부단한 노력이 필요합니다. 그래서 게송에서는 '낮과 같이 밤에도 그러하고, 밤과 같이 낮에도 그러하며, 앞과 같이 뒤에도 그러하고, 뒤와 같이 앞에도 그러하며, 위와 같이 아래서도 그러하고, 아래와 같이 위에서도 그러하라'고 아주 간곡한 어조로 강조합니다.

혜는 이치를 제대로 판단하여 삿된 길로 빠지지 않게 하는 것입니다. 지혜가 없으면 무명 번뇌를 타파할 힘을 얻을 수 없습니다. 그러한 지혜를 얻는 자리는 바로 계와 정의 자리인 것입니다. 계와 정의 완성에서 지혜가 나오고 지혜의 자리에서 계와 정을 지켜갈 수 있습니다. 계정혜 삼학은 결국 유기적으로 뭉쳐진 하나의 덩어리라고 할 수 있는데, 이 덩어리가 잘 돌아갈 때 불성의 오묘한 빛을 발할 수 있게 됩니다.

게송의 마지막 구절이 참으로 묘한 여운으로 남습니다. '기름이 다해 불이 꺼지'면 어떻게 됩니까? 캄캄해집니다. 절대의 어둠속으로 빠지면 그곳이 비로소 밝은 곳이라는 역설입니다. 불이 켜져 있는 동안의 분별과 욕망이 다 꺼져버린 자리이니까요. 열반涅槃을 뜻하는 니르바나nirvana도 불이 완전히 꺼져 어두워진 상태라는 뜻입니다. 분별과 탐욕과 갈등의 불이 완전히 꺼지면 중생 놀음을 벗어나 열반적정에 이르는 것입니다.

기름이 다 연소되었으므로 다시 불길이 일어날 근거가 없다는 의미도 있습니다. 삼학을 잘 닦아 청정한 불성의 자리에 들면 더 이상 욕망의 불길은 타오르지 않습니다. 기름이 다 연소되었으니 불길이 붙을 자리가 없는 겁니다.

계정혜 삼학의 완성은 바로 성불입니다. 그 경지에 이를 때까지 우리는 이 몸의 성곽을 잘 지키고, 이 마음을 성문을 단단히 해야 하며, 모든 행동에 삿됨이 없도록 해야 합니다.

# 진품으로 살자

발톱은 같으나 뿔 없는 짐승
네 다리와 소리와 입 갖추고
많은 소 떼를 따라 다니며
언제나 그 동무라 스스로 생각하나
그 모양도 소 무리와 같지 않지만
또한 능히 소 소리 내지 못하네.

그와 같이 저 어리석은 사람은
선서의 가르침과 훈계를 따라
마음을 그 한곳에 매어두지 않고
부지런히 방편을 쓸 마음 없어
게으르고 남에게 거만 부리면
위없는 큰 도를 거두지 못하나니

마치 저 나귀가 소 떼 속에 있지만
소와는 그 거리 스스로 먼 것처럼
비록 그가 대중을 따라 다니나

그 마음과 행동은 언제나 어긋나리.

잡아함 828 '노경獂經'

겉으로는 비슷하지만 속은 완전히 다른 것을 '사이비似而非'라고 합니다. 본질적으로는 전혀 다른 것이지만 같은 것인 양 위장하는 경우가 많습니다. 진짜와 가짜의 차이는 하늘과 땅의 차이지만, 종종 어느 것이 진짜이고 어느 것이 가짜인지 알 수 없을 정도로 비슷한 것도 많습니다. 이를 유사품이라고 합니다.

세계적인 명품 브랜드 제품들은 어김없이 짝퉁을 양산하게 됩니다. 짝퉁은 분명 가짜이고 만들어서 판매하는 것도 범죄입니다. 그럼에도 짝퉁과 모조품, 복사품 등이 횡행하는 것은 간악한 상술이 '진짜를 지닐 수 없을 때 가짜라도 지님으로써 마음의 위로를 받고 싶은 욕망'을 노리기 때문입니다.

인생은 한 바탕의 연극이라지만, 모조품과 짝퉁 속에서 연극판을 벌인다면 연극 속의 연극이 되는 셈입니다. 진짜는 없고 가짜가 판을 치는 세상을 살다간다면 그 인과의 길은 멀고 험할 뿐입니다.

많은 소들이 있는 가운데 나귀 한 마리가 있었습니다. 그 나귀는 속으로 자신을 소라고 생각했습니다. 그래서 소처럼 울음을 내어보았습니다. 나귀의 입에서 소 울음이 나올 리가 없습니다. 그저 나귀의 처량한 울음이 새어 나올 뿐입니다.

그런 상황에서 나귀가 '아, 나는 나귀구나'하고 깨달아 나귀로서의 행동을 하면 되겠지만, 나귀는 자꾸만 자신을 소라고 생각하고 소의 행세를 합니다. 하지만 나귀는 끝내 소가 될 수 없습니다.

스스로 정체성을 잃어버리고 주인의식을 잃어버리면 저 불쌍한 나귀와 같이 소의 울음소리만 흉내 내게 됩니다.

우리 주변에도 자신의 신분과 처지를 인정하지 않고 남의 흉내를 내면서 살다가 망신을 하는 사람들이 더러 있습니다. 어떤 불손한 목적을 가지고 그러는 것은 아니라 할지라도 스스로 주인의식을 잃어버리고 본질이 다른 무리에서 가짜 행세를 하는 것은 얼마나 비참한 일이겠습니까?

하루를 살아도 진품으로 살아야지 짝퉁으로 살아서는 안 되는 겁니다. 머슴이 갓을 쓴다고 선비가 될 수 없다는 옛말처럼 말입니다. 자신의 정체성을 분명히 인식하고 스스로 주인의식을 가지고 살아야 합니다. 헛된 욕심을 버리고 지금의 자신에 만족하고 정당하게 노력하며 살면 누구나 진품 인생이 될 수 있습니다.

# 좋은 친구 나쁜 친구

어떤 친구가 나쁜 친구이면서
착한 벗인 양 겉모양 꾸미는가.
마음으로는 진실로 싫어하면서
입으로는 그 마음 같다 떠들며
일을 같이 하기는 즐겨하지 않나니
그러므로 착한 벗 아닌 줄 아느니라.

입으로는 은혜롭고 부드러운 말 하면서
그 마음은 완전히 거기에 맞지 않고
하는 일마다 서로 어긋나나니
지혜로운 사람은 깨달아 알라.
그런 친구는 실로 나쁜 친구이면서
착한 벗인 양 겉모양 꾸미거니.

어떤 친구가 착한 친구로
두 몸을 한 몸처럼 생각하는가.
두 몸이 한 몸 같은 착한 친구는

스스로 방일하여 억제하지 않거나

일을 방해하거나 의심을 품고

허물 꼬투리 잡으려 하지 않네.


착한 친구를 의지하는 편안함은

자식이 아비 품에 안긴 듯하여

아무도 그 사이를 뗄 수 없나니

그는 착한 벗인 줄 알아야 한다.

잡아함 978 '상주경商主經'


'사람을 알려거든 그 친구를 보라'는 터키 속담이 있습니다. 그 사람이 어떤 친구를 사귀고 어떤 사람들과 교유하는 가를 보면 그 사람의 인품을 짐작할 수 있기 때문입니다. 인생을 살아가면서 한 사람의 좋은 친구를 만나기 어렵다는 것은 그만큼 친구가 삶에 미치는 영향이 크다는 뜻이기도 합니다.

친구를 빗대는 고사성어는 참으로 많습니다. '관포지교管鮑之交' '지음知音' '수어지교水魚之交' '죽마고우竹馬故友' 등등. 아리스토텔레스는 "친구는 제2의 재산이다"라고 했습니다. 불교의 경전 〈선생자경〉에서는 좋은 친구는 고락을 함께하고, 이익을 분배하고, 상대에게 직업을 갖게 하고, 늘 어진 생각을 하는 사람이라 했습니다. 나쁜 친구는 상대의 물건을 빼앗고, 거짓말을 하고, 체면치레만 좋아하고, 삿된 가르침을 준다고 했습

바람이 부니
구름이 흩어지네

니다.

친구는 인생에 있어 가장 값진 선물일 수 있습니다. 그래서 위인전이나 우화 혹은 민담과 전설 등에 우정과 관련된 감동적인 이야기가 아주 많습니다.

잠시 마음을 가라앉히고 나에게는 어떤 친구가 얼마나 있는가? 생각해 보시기 바랍니다. 누가 뭐래도 나를 이해해줄 친구가 단 한 명이라도 있다면 행복할 수 있습니다. 또 나는 누구에게 어떤 친구일까? 이 또한 깊이 생각해 볼 필요가 있습니다. 어떤 경우에도 그를 위해 나를 버릴 수 있는 그런 친구가 있다면 그 역시 행복한 것입니다.

좋은 친구를 만나고 스스로 좋은 친구가 될 수 있도록 늘 살피면서 살아야 합니다. 부처님은 게송에서 '착한 친구를 의지하는 편안함은 자식이 아비 품에 안긴 듯'하다고 했습니다. 명심해야 할 구절입니다.

# 끊어지지 않는 깨달음

가정에 있으면서 드나드는 재물과
의복과 음식 따위 생활 기구들
탐하고 즐겨하는 마음을 끊고
그것을 지속하기 몹시 어렵고

속세를 떠나 비구의 몸이 되어
바른 믿음으로 집 없이 살면서
탐심과 애욕을 이미 끊고도
그것을 지속하기 어렵다.

잡아함 986 '이사난단경二事難斷經'

불교는 깨달음의 종교라고 합니다. 그러나 사실은 깨달음에서 끝나는 것이 아니라 깨달음의 실천이 더 중요합니다. 깨달음이 종착점이라면 오늘날 불교는 존재하지 않습니다. 부처님은 깨달음을 이루었을 때 깊이 생각합니다. 이 법을 누구에게 전할 것인가 말 것인가를 두고 많은 생각을 합니다. 그리고 일체중생에게 이 법을 나누어 주자고 결심하고 다섯 비구를 찾아 녹야원으로 향합니다.

　부처님이 녹야원에서 다섯 비구에게 법을 설한 것으로부터 종교로서의 불교는 시작됩니다. 부처님이 깨달음에 만족하고 곧바로 열반에 들었다면 지금 불교는 있을 수가 없습니다. 깨달음이 끝이 아니라 깨달음의 실천, 깨달음의 나눔 혹은 공유가 진정한 불교입니다. 후대에 일어난 대승불교는 바로 깨달음의 사회환원 운동이고 깨달음의 실천운동입니다.

　아무리 훌륭한 가르침도 실천하지 않으면 허무한 메아리가 될 뿐입니다. 단 한 번의 실천으로 완성되는 가르침도 없습니다. 그래서 지속적인 실천이 담보될 때 가르침은 수많은 사람들에게 유익할 수 있습니다.

　개인의 수행도 마찬가지입니다. 깨달음이 문제가 아니라 지속적인 실천이 관건입니다. 말하자면, '거짓말은 나쁘다'는 진리에 대한 깨달음은 누구나 다 가지고 있습니다. 그렇다고 모두가 거짓말을 안 하느냐 하면 그렇지 않습니다. 깨달아 아는 것과 실제 생활은 같지 않습니다. 깨달아 아는 대로 살아가기에 세상이 너무 복잡하고, 개인은 깨달음에 대한 신념이 약해서 거짓말을 하게 만드는 겁니다. 이런 경우, 지속적인 깨달음이라고 할 수가 없으니 그것은 진정한 깨달음이 아닙니다.

　가정생활을 하는 재가불자로서 물욕을 버리고 청정심을 유지하고 살기를 발원하지만, 그게 그리 쉬운 일이 아닙니다. 그 청정한 마음이 지속되지 않기 때문입니다. 출가 수행자도 청정한 수행생활의 가치를 깊이 새기고 있을지라도 그것을 지속하기는 쉽지 않습니다.

깨달음의 마음을 지니고 있는 순간은 부처의 마음이라 할 수 있지만, 그 마음이 무너지면 바로 중생의 마음이 됩니다. 우리는 무수한 깨달음을 가지고 살지만 무수하게 깨달음의 상태를 단절하여 중생심으로 살고 있습니다. 깨달음의 순간을 지속시키는 일, 그것이 바로 수행입니다.

# 백세 시대를 잘 사는 법

바른 계율로 깨끗이 늙게 되고
깨끗한 믿음으로 안온히 머무르며
지혜는 사람의 보배가 되고
공덕은 도적도 빼앗지 못하느니.

잡아함 1015 '지계지로경持戒至老經'

'백세 시대'입니다. 삶이란 과정도 중요하고 내용도 중요합니다. 인생의 가치는 길이에 있는 것이 아니라 그 내용에 있습니다. 물론 누구에게나 존경받고 스스로 자족하며 오래 산다면 가장 좋겠지만, 욕되게 오래 사는 사람도 있고 안타깝게도 일찍이 절명하는 경우도 있습니다. 사람의 목숨은 하늘에 달린 것이라 하지만, 스스로 삶의 과정과 내용을 개척하고 다스리면서 살아가는 것이 바른 삶의 정신입니다.

이 게송은 한 사람이 부처님을 찾아와 어떻게 하면 깨끗하게 늙을 수 있고, 어떻게 하면 늘 안온한 마음을 유지할 수 있고, 어떤 것이 삶의 보배인가에 대해 질문을 한 데 대한 부처님의 답입니다. 짧은 게송이지만, 참다운 불자의 삶을 아주 단적으로 설명하고 있습니다.

우선, 바른 계율로서 깨끗이 늙게 된다는 대목은 말 그대로 '바른 생활'입니다. 여기서 말하는 계율이란 불교의 여러 계율도 해당되지만 사회의 각종 규범과 규칙 법률 등이 다 해당됩니다. '불법不法'을 저지르지 않고 살아야 한다는 겁니다. 좀 더 확대해서 말하면 약속을 잘 지킨다거나 신의를 지키는 등 모범적인 삶의 길을 걸으면 자연히 깨끗하게 늙을 수 있다는 겁니다.

다음으로 깨끗한 믿음으로 안온히 머무른다고 했습니다. 바른 믿음은 바른 삶을 유지해주는 동력입니다. 의심 없이 속임 없이 깨끗한 믿음을 지닌 사람은 남에게 싫은 말을 하지 않고 남에게 불편을 주지도 않습니다. 믿음이 강한 사람은 생활도 모범적이지만 스스로 마음도 평온하여 항상 흔들림이 없는 겁니다. 눈 덮인 산 정상에 홀로 우뚝 선 소나무의 기상처럼 말입니다.

지혜와 공덕은 수행으로 자신의 내면을 맑히고 자비심으로 이웃과 더불어 사는 것입니다. 세상이 각박해질수록 불자는 마음을 열어야 합니다. 마음의 문을 열면 그 안으로 일체중생을 받아들일 수 있고, 받아들여 함께 밥 먹고 함께 웃을 수 있습니다. 그러한 삶에서 공덕은 자라는 것이니, 그걸 누가 훔쳐 갈 수 있겠습니까?

참된 불자의 삶은 청정하게 계율(모든 법)을 지키며 사는 것이고, 굳건한 믿음으로 한결같은 마음을 지니는 것이며, 이웃과 더불어 나누는 것입니다.

소위 백세 시대가 되면서 삶의 많은 부분을 변화시키고 있습니다. 자식에게 효도 받기를 기대하지 말고 스스로 자신에게 효도하며 살아야 하는 시대입니다. 백세 시대를 잘 사는 비결은 바로 스스로 청정하고 남과 더불어 나누며 사는 것입니다. 🕊

# 공양 받을 자격

열매 맺으면 파초는 죽고
갈대도 또한 열매 맺어 죽으며
노새는 새끼 배면 반드시 죽고
사람은 탐함으로 스스로 망하나니
옳지 않은 짓을 항상 행하면
어리석음을 면하지 못하리니
착한 법은 그 따라 날마다 줄어
줄기 마르고 뿌리도 상하리라.

잡아함 1064 '제바경提婆經'

'눈앞의 이익'이라는 말이 있습니다. 어떤 이익이 눈앞에 놓여 있으면 누구나 당장 그 이익을 챙기려고 합니다. 그러나 내게 온 이익이라고 하여 다 나의 이익인 것은 아니라는 생각도 해야 합니다. 지금 당장 나의 주머니에 들어오는 게 좋아서 마구 집어넣었다가 낭패를 볼 수도 있으니까요. 모든 일은 인과가 있고 그 인과의 질서는 누구도 막을 수 없습니다.

부처님의 사촌동생인 데바닷다는 경전에 자주 등장하는 인물입니다. 그는 어려서부터 부처님을 시기 질투하여 부처님의 교단에 위해를 가하려는 시도를 여러 차례 하기도 합니다. 이 게송의 경우도 데바닷다와 관련이 있습니다.

어느 때 데바닷다는 아자세 왕으로부터 매일 5백 수레에 실은 5백 솥의 공양을 받고 있었습니다. 부처님은 인근 숲에서 제자들과 탁발을 하며 교단을 운영하고 있었는데 비해 데바닷다는 상당히 큰 공양을 받아 그를 따르는 무리 5백 명도 함께 그 공양을 받았습니다. 탁발을 나갔다가 이를 본 부처님의 제자가 그 사실을 부처님께 알리자 부처님은 "너희들은 그 데바닷다가 많은 이익을 얻는다고 칭찬하지 말라. 왜냐하면, 그 데바닷다가 따로 공양을 받으면 현세에 스스로 망할 것이요 후세에서도 망할 것이기 때문이다"라고 말씀하시고 이 게송으로 설법을 마무리하신 겁니다.

공양을 받는다는 것은 매우 중요한 일입니다. 우선 공양을 올리는 사람의 입장에서는 무수한 공덕을 짓게 됩니다. 그 공덕으로 현세에 복을 받고 후생에는 성불의 기연을 맺으려는 마음으로 공양을 올리는 것이기도 합니다. 그런데 그 공양을 받을 만한 인물이 아님에도 불구하고 공양을 받고 거드름을 피우면 그 죄는 아주 크고, 공양 올린 사람들의 마음에도 상처가 남게 됩니다.

데바닷다는 왕으로부터 5백 수레의 공양을 받을 만큼 성숙한 도인도 아니었기에, 그렇게 공양을 받는 것은 현세는 물론 후생에도 좋지 못할 것이라고 부처님이 설명한 것입니다.

요즘도 공양 받을 만큼의 인격과 수행력을 갖추지 못한 사람이 버젓이 공양을 받고, 시주를 받아 유용하기도 하는 사례가 빈번합니다. 모두 크고 무거운 죄를 받을 일입니다. 열매를 맺으면 파초는 죽고 새끼를 낳아 늙으면 그 노새는 죽어야 하는 것처럼, 당장의 이익에 눈이 멀어 근본 도리를 망각한다면 지옥고를 면치 못하는 게 당연합니다. ✍

# 분수를 지켜라

큰 코끼리가 연뿌리 뽑아

물에 씻어 먹을 때

다른 코끼리 그걸 본받아

진흙 그대로 먹는다.

진흙채로 먹기 때문에

여위고 병들어 마침내 죽는다.

**잡아함 1083 '식우근경食藕根經'**

우리 속담에 '뱁새가 황새 따라가다가 가랑이 찢어진다'는 말이 있습니다. 자신의 주제를 파악하지 못하고 남의 흉내를 내다가 망신을 당한다는 말입니다. 살림살이가 넉넉지 못한 사람이 이웃 부잣집을 흉내 내어 날마다 기름진 음식을 먹고 고급 승용차를 타고 다니면 그 집은 이내 몰락하고 맙니다. 자신의 분수를 지키고 자신의 주체성을 잃지 않고 살아야 하는데, 허영기만 가득차서 무리하게 생활을 하면 안 되는 겁니다.

어느 큰 호수에 아주 커다란 코끼리가 살고 있었습니다. 그 코끼리는 호수에서 연뿌리를 캐 먹고 사는데, 연뿌리를 먹을 때는 반드시 물에 씻어서 먹었습니다. 주변에 살던 다른 코끼리는 그 호수의 코끼리가 크고 살찐 것이 부러워 자기도 호수에서 연뿌리를 캐 먹었습니다. 그런데 이 코끼리는 연뿌리의 진흙을 씻지 않고 그냥 먹었습니다. 큰 코끼리가 연뿌리를 먹는 법을 알지 못했던 겁니다. 그래서 진흙이 묻은 그대로 연뿌리를 먹은 탓에 병이 들었고 몸은 말라 비틀어졌습니다.

'남의 손에 있는 떡이 더 커 보인다'지만 자신의 분수를 모르고 남의 흉내를 내면 낭패를 당하는 겁니다. 부처님이 이 큰 코끼리 이야기를 하신 이유는 젊은 비구 때문이었습니다.

출가한 지 오래 되지 않은 젊은 비구가 탁발을 하는데 순서를 지키지 않고 함부로 이집 저집에 옮겨 다니며 밥을 빌었습니다. 그래서 선배 비구들이 "그렇게 하면 안 된다"고 충고를 하자 "출가한 지 오래된 비구들도 더러 순서를 어기는 것을 보았다. 그런데 나는 왜 안 되는 것이냐?"며 말을 듣지 않았습니다.

이 젊은 비구에 대한 이야기를 들은 부처님은 큰 코끼리의 비유를 설하고 출가한 지 오래된 비구들은 몸과 마음을 잘 단속하며 살고 있음을 설했습니다.

"나이 많고 덕망이 있는 비구들은 오랫동안 도를 배워 오락을 좋아하지 않고, 오랫동안 범행을 닦음으로써 스승이 찬탄하고, 범행을 닦는 다른 지혜로운 사람들도 그를 칭찬한다. 그 비구들은 도시나 촌에 살면서 이른 아침에 가사를 입고 바루를 가지고 성에 들어가 걸식할 때에도 몸과 입을 잘 단속하고, 모든 감관을 잘 거두어 잡고, 알뜰한 마음으로 생각을 잡아매어, 믿지 않는 사람은 믿게 하고, 믿는 사람은 변하지 않게 하며, 혹 재물이나 의복·음식·침구·의약을 얻더라도 물들거나 집착하지 않고, 탐하거나 즐기지 않으며, 홀리거나 따르지 않고, 거기서 재앙을 보고 떠나야 할 길을 본 뒤에 그것을 먹고 쓴다. 그것을 먹고 쓰고는 몸과 마음은 윤택하고 유쾌하며, 광채를 얻고 힘을 얻는다. 그로 말미암아 언제나 편하고 즐겁다."

# 뿌리 깊은 효행의 전통

부모와 또 집안 어른께
언제나 늘 공양드리고
부드럽고 공손한 말씨로
욕설과 이간하는 말을 떠나고
아끼는 마음을 억제하면서
언제나 진실한 말 공부하는 것.

이 일곱 가지의 법을 행하면
저 33천은 그것을 보고
저마다 모두 이렇게 말하나니
저 이는 장차 이 하늘에 나리라고.

잡아함 1104 '제석경帝釋經'

급변하는 사회 환경 속에 가족의 구성도 빠른 변화를 보이고 있습니다. 두 세대만의 직계로 구성된 핵가족은 이미 보편화되었고, 요즘에는 1인 가구도 급속도로 늘고 있습니다. 1인 가구란 독신자 가구인데, 이는 저출산 현상의 직접적인 요인이

바람이 부니
구름이 흩어지네

기도 합니다. 노령층에서도 1인 가구가 많아서 소위 독거노인에 대한 사회적인 보호 시스템이 시급한 실정입니다.

말하자면 대한민국은 점점 '나 홀로 족'의 세상으로 변해가고 있는 겁니다. 그러다 보니 가정교육과 효도라는 전통 가치관은 설 자리가 점점 사라져 가고 있습니다. 사회의 도덕의식과 준법정신 등 기본 질서가 무너지는 것도 어쩔 수 없는 현상이 되었습니다.

효는 백 가지 행실의 근본이라는 옛말은 결코 틀린 말이 아닙니다. 효행 속에는 진실함과 공경하는 마음 그리고 공손한 말씨가 들어 있습니다. 그러한 행실을 바탕으로 사회생활을 하면 결코 악한 사람이 되지 않습니다. 효도하는 마음이라면 성실과 화합 그리고 배려와 나눔의 리더십을 가질 수 있기 때문에 사회생활도 잘 할 수 있는 겁니다.

요즘은 자식이 부모에게 효도를 하는 것이 아니라 부모가 자식에게 효도를 하는 시대라고 합니다. 모든 부모는 아들이건 딸이건 고생고생해서 기르고 학교를 마치게 하고 취직을 하여 결혼할 때까지 뒷바라지를 다 합니다. 오직 일류대학교와 좋은 스펙만을 추구하며 자식을 상전으로 떠받들고 사는 경우가 허다합니다.

그렇게 해서 제법 좋은 직장이라도 다니고 좋은 배우자를 만나 결혼을 하여 아이를 낳으면 부모는 이제 그 아이의 육아에 동원됩니다. 손주들이 귀엽고 사랑스러운 것이야 당연하지만, 자식에 대한 사랑은 어느덧 자식에 대한 효도로 역전되어 있기 일쑤라는 것이 새로운 풍속도입니다.

세상이 변해도 효행의 뿌리 깊은 전통과 가치관은 지켜야 나라의 미래가 밝습니다.

바람이 부니
구름이 흩어지네

# 자기를 이기는 법

거북 벌레는 여우를 두려워해
여섯 가지를 껍질 안에 감춘다.
비구는 그 마음을 잘 거두어
모든 감각과 생각을 감추나니
그를 의지하거나 두려워하지 말고
마음을 곧게 덮어 말하지 말라.

**잡아함 1167 '구경龜經'**

세상에서 가장 두려운 적은 누구일까요? 불교의 많은 경전
에서는 '세상에서 물리치기 어려운 가장 어려운 적은 자기 자
신'이라고 합니다. 누구도 부정할 수 없는 말입니다. 자기 자신
의 마음을 다스리는 것, 자기 자신의 욕망을 억제하는 것, 자기
자신의 졸음을 참고, 분노를 참고, 욕심과 색욕, 식탐을 참는
것이 가장 어려운 일입니다. 그래서 〈법구경〉에서도 "자신과의
싸움에서 이긴 사람이 가장 훌륭한 장수"라고 했습니다.

자신과의 싸움, 시험을 앞둔 모든 수험생들은 자신과의 싸움
을 진행하고 있습니다. 그 부모와 주변의 사람들이 아무리 염

려하고 격려를 한다고 해도 수험생 자신의 싸움은 자기 자신
만 할 수 있는 것입니다.

자신과 싸우는 데 있어 가장 첨예한 상대는 자신의 어떤 곳
일까요? 그것이 바로 여섯 기관입니다. 눈과 귀와 코와 혀와
몸과 생각입니다. 눈에 보이는 것이 다 집착으로 이어지고 귀
에 들리는 것이 다 욕망으로 이어집니다. 코로 맡아지는 냄새
들이 끈적이는 탐욕을 자극하고, 혀로 맛보는 것들이 멈출 수
없는 갈망으로 이어집니다. 몸에 대한 집착과 생각으로 지어가
는 어리석은 판단들은 또 얼마나 자신을 괴롭게 합니까?

이 여섯 가지 경계를 자유롭게 쉬고 차단하고 다스릴 수 있
다면 좋겠는데, 중생의 마음으로는 그게 뜻대로 되지 않습니
다. '견디고 극복해야지'하고 마음을 단단히 먹어도 화려한 것
앞에 눈이 무너지고 감겨오는 소리에 귀가 멀어지며, 좋은 향
기에 코가 무너지고 맛난 촉감에 혀가 녹아내립니다. 몸은 끝
없는 욕망으로 타오르고 생각은 팔만사천 리를 헤매고 다니기
만 합니다.

도저히 이기기 어려운 자신이라는 상대를 어쩌면 좋을까요?
여우를 두려워하는 거북이처럼 하면 됩니다. 자신을 노리는 여
우로부터 자기를 보호하기 위해 여섯 가지 기관을 딱딱한 갑
옷껍질 속에 넣어버리고 옴짝달싹 않으면 절대로 여우에게 잡
아먹히지 않습니다.

보이는 것, 들리는 것, 냄새 맡아지는 것, 맛보는 것, 감촉, 차

바람이 부니
구름이 흩어지네

오르는 생각을 다 움츠려 꼼짝달싹 못하게 닫아버리면 번뇌망상과 탐진치라는 여우로부터 자신을 보호할 수 있는 것입니다. 달리 길이 없습니다. 오직 맑은 지혜로 여섯 기관을 잘 다스리고 단속하는 것이 최상입니다. 자신의 여섯 기관을 다스리지 못하여 자신에게 패배하는 사람은 세상에서도 늘 패배를 하게 마련입니다. ☙

# 나눔과 무소유의 덕

넓은 들판에 못물이 있어
맑고 시원하고 깨끗하여도
그것을 즐겨 쓰는 이 없으면
곧 거기서 말라져 다하나니

이와 같이 훌륭하고 값진 재물도
그 나쁜 사람이 가지게 되면
능히 스스로도 쓰지 못하거니와
남을 가엾이 여겨 주지 못하며
한갓 스스로 괴로이 모았다가
모았다가는 스스로 잃고 만다.

지혜로운 사람은 많은 재물 얻으면
능히 스스로도 쓸 줄을 알고
널리 보시해 공덕 지으며
친척과 또 권속에게 보시하여
보시하여야 할 곳을 따라 주는 것

바람이 부니
구름이 흩어지네

마치 소가 그 떼를 거느림과 같으리.

남에게 주고 스스로도 쓸 줄 알고
받아야 할 바를 잃지 않으면
이치를 따라 목숨을 마치고는
천상에 나서 복락을 받으리라.

잡아함 제1232 '간경慳經'

수행자에게 재물은 아주 무서운 독입니다. 있으면 죄를 짓게
되니까요. 수행자들에게 엄격하게 요구되었던 '무소유'는 소유
함으로써 악업을 짓게 되는 것을 소유하지 않음으로써 막으려
는 것입니다. 소유하지 않으면 소유하고 싶은 욕망이 일어나지
만, 그것마저 차단하는 용기와 지혜를 기르는 것이 수행입니다.
　그러나 현대사회는 자본주의 사회이고 재물을 멀리하고 살
수는 없습니다. 수행자도 그러한데 세속에 사는 재가불자들이
야 재물이 없으면 살 수가 없습니다. 그래서 지혜롭게 재물을
쓰는 방법을 배워야 합니다.
　게송의 비유는 참으로 감탄을 자아내게 합니다. 못의 물이
아무리 맑고 깨끗해도 와서 먹거나 목욕하는 사람이 없으면
그냥 다 증발해 버리고 바닥이 바짝 마르게 됩니다. 그때는 아
무리 물을 구하려 해도 구할 수가 없습니다.
　재물이라는 것도 많고 적고를 떠나 적절하게 잘 쓰면 그것이

한 모금의 생명수가 됩니다. 돈은 죄가 없습니다. 돈을 쓰는 사람이 어떻게 쓰느냐에 따라 죄의 도구가 되기도 하고, 사람을 살리는 아름다운 인연이 되기도 합니다.

연말이면 길에서 만나는 구세군 냄비라든가, 불우이웃돕기와 재난지역을 돕기 위한 모금 창구 등이 보이면 이런저런 계산을 하지 말고 곧바로 그 앞에 가서 아주 적은 금액이라도 기꺼이 기부를 해야 합니다. 그런 마음이 선행의 행동을 이끌고 그 한 사람의 행동이 다른 사람을 이끌고 다시 여러 사람의 행동으로 번져 가는 것입니다. 나 한 사람의 시작이 중요한 것입니다.

이 게송을 거듭거듭 읽으며 자본주의 세상을 복되게 살아가는 지혜를 길러야 합니다.

2부

중국 선사들의 선시

# 본래 한 물건도 없으니

깨달음은 본래 형상이 있는

보리수나무와 같은 것이 아니며

밝은 마음 또한

경대鏡臺와 같은 실제 모양이 없네.

본래 마음인 불성은 항상 청정한데

어디에 티끌이 있으리.*

혜능 慧能, 638~718

선시禪詩는 깨달음의 노래입니다. 선은 수행이고 수행의 목적
은 깨달음이며 깨달음은 일체중생을 구제하는 큰 원력으로 이
어진다는 것이 대승불교의 이념입니다. 선은 과정이자 방편일
뿐이고 그 자체가 절대성을 갖지는 않습니다.

그러나 선이라는 수행과정에서 순간순간 솟구쳐 오르는 깨
달음의 언어들이 있습니다. 그 맑은 언어들이 수행자의 마음자
리를 반추하는 것으로 시의 형식을 갖추어 선시가 되는 것입니

---

* 菩提本無樹 보리본무수    明鏡亦無臺 명경역무대
  佛性常淸淨 불성상청정    何處有塵埃 하처유진애

다. 그러니까 선시는 깨달음의 언어이고, 깨달음의 알맹이를 남에게 전하는 수단이며, 깨달음의 경지를 드러내는 창구이기도 합니다.

선시를 이해한다는 것은 깨달음의 자리를 알아차리고 이해하는 것입니다. 그러한 알아차림과 이해가 우리 삶의 무지몽매를 일깨우고 보다 참신한 길을 열어준다면, 선시는 이미 경전이 될 수도 있습니다.

위에 보인 시는 잘 알려진 구절입니다. 불교를, 선을 조금이라도 접한 사람이라면 누구나 알고 있는 시, 육조六祖 혜능 대사慧能大師의 시입니다. 혜능 대사가 이 시를 지은 배경은 너무나 유명하므로 여기서는 생략하겠지만, 이 시의 내용을 이해한다면 이미 선불교의 지향점과 선수행의 종착점을 엿본 것이라 할 수 있습니다. 물론 글귀를 이해하는 것과 삶의 내용을 선적禪的으로 변환하는 것은 별개의 문제입니다. 선은 깨달음을 추구하지만 그보다 더 중요한 것은 깨달음의 삶을 사는 것이기 때문입니다.

누구나 깨닫습니다. '아하, 이런 짓은 하면 안 되는구나' 이렇게 자각하는 것은 깨달음의 한 순간이지만, '이런 짓'을 평생 안하기는 어렵습니다. 깨달음을 삶의 내용으로 현전시키지 못하는 겁니다. 그러니까 깨달음보다 중요한 것은 깨달음의 삶을 살아가는 것이라 하는 겁니다.

아무튼, '혜능의 오도송'이라 하기도 하는 이 시의 핵심은 일체의 사물에 절대성이 없음을 깨치라는 것입니다. 불교에서 말하는 '공空의 세계'에 대한 철저한 깨침을 요구하는 것입니다. 복잡한 공사상을 다 말하지 않더라도, 모든 사물은 변하는 법이고 지금 이 순간에도 변화의 과정에 있음을 알면 집착하고 탐욕부리고 고통 받는 일도 없이 마음이 평온해질 수 있다는 겁니다. 그래서 본래무일물, 처음부터 아무것도 없다고 하는 겁니다. 이게 쉽게 이해되지 않을 수 있겠지만, 10살 먹은 아이가 "엄마, 20년 전에 나는 어디 있었어?"하고 묻는다고 생각해 보시기 바랍니다. 뭐라고 대답하겠습니까? "20년 전에 넌 없었어"라고 한다면, 그 아이는 20년 전에 정말 그 어떤 곳에도 없었을까요? 그렇다면 20년 후에는 어디에 있을까요?

우리는 현재를 볼 뿐입니다. 10살 아이에게 20년 전이 어떤 의미가 있는지 따질 필요는 없습니다. 다만, 우리가 인식하고, 말하고, 예측하는 그 어떤 것도 정답일 수 없습니다. 지금 보고 느끼고 생각되어지는 그것들조차 명확하지 않은데 무엇을 두고 확신을 하겠습니까? 혜능 대사는 바로 불확실에 대해 확신해버리는 착각을 중생의 무지와 번뇌라고 봅니다. 그래서 본래 아무것도 없었으니, 형상에 얽매이지 말고, 형상을 좇아 허둥대지 말고, 본래의 자리를 찾으라는 겁니다.

본래의 자리가 무엇이냐고요? 나에게 묻는 그 자리가 그것입니다.

# 바위에 앉으니
# 안개와 구름 걷히네

오늘은 바위에 앉아

오래도록 좌선하니

안개와 구름이 다 걷히네.

한 줄기 깨끗하고 찬 시냇물

천 길 푸른 산꼭대기에서 내리네.

아침에는 흰 구름 그림자 고요하고

밤에는 밝은 달이 떠 있네.

몸에 더러운 때가 없는데

마음엔들 어찌 근심이 있으리오.*

한산 寒山, ?~?

한산寒山은 중국 당나라 때 사람인데 정확한 성명을 알 수

---

\* 今日巖前坐 금일암전좌     坐久煙雲收 좌구연운수
  一道淸溪冷 일도청계냉     千尋碧嶂頭 천심벽장두
  白雲朝影靜 백운조영정     明月夜光浮 명월야광부
  身上無塵垢 신상무진구     心中那更憂 심중나갱우

없고, 항상 천태天台 시풍현始豊縣의 서쪽 70리에 있는 한암寒巖의 깊은 토굴에 있었으므로 한산寒山이라 전해집니다. 한산자라고도 합니다. 몸은 깡마르고 보기에 미친 사람처럼 행동을 하며, 늘 습득拾得과 함께 국청사國淸寺에 와서 대중이 먹고 남은 밥을 얻어서 대통에 넣어 가지고 서로 어울려 한산寒山으로 돌아가곤 했다고 합니다.

미친 것처럼 살았지만 그의 말은 어긋남이 없었고, 시를 잘 지었는데 습득拾得과 풍간豊干과 더불어 삼성三聖으로 불리웠습니다. 후세 사람들이 그들의 시를 모아 책으로 묶어 〈한산자시집〉이 전해지게 되었는데 여기에는 한산의 시가 320수 습득의 시 60수 풍간의 시 2수가 실려 있습니다. 그의 시는 맑고 밝은 이치를 통달하여 호방하고 명철합니다.

여기에 보인 오언율시 역시 욕망의 세상을 초탈한 도인의 풍모가 그대로 드러나는데, 세상을 등지고 홀로 사는 사람의 한가하고 걸림 없는 마음이 부러울 뿐입니다.

사람은 가끔 외로울 필요가 있습니다. 복잡한 세상사를 잠시 잊어버리고 홀로 자신의 내면을 살피는 시간이 필요합니다. 특별한 목적이 없이 길을 떠나 홀로 여행을 하는 것도 좋습니다. 자신과의 대화를 통해 삶의 순수와 마주할 필요가 있는 것입니다.

한산자가 '홀로 바위에 앉은' 것처럼 스스로의 내면을 들여다보면 세상살이가 별 것 아니게 보일 수도 있고 보다 진지하게 살고 싶은 마음이 일기도 할 것입니다. 그러나 그마저도 번뇌일 뿐입니다. '안개와 구름이 다 걷히'는 순간이 바로 그 잡념이 다 사라진 깨끗한 경지일 것입니다. 그러한 경지는 아침에도 저녁에도 한결같으니 몸에 걸림이 없고 마음에 한가함이 넘쳐나는 것입니다.

'몸에는 때가 없고 마음에는 근심이 없는' 것, 참으로 부러운 경지가 아닐 수 없습니다. 우리는 많은 옷을 걸치고 삽니다. 그 옷은 몸을 보호하고 먼지를 막아주는 옷이 아니라, 오히려 몸을 불편하게 하고 무겁게 하는 탐욕의 옷일 수도 있습니다. 그러므로 더러 그 세속의 옷을 훨훨 벗어던지고 알몸을 드러낸 채 자신의 존재를 살펴볼 필요가 있습니다. 그리하여 마음의 근심을 덜어내고, 들끓는 욕심을 억제하는 힘을 길러야 합니다.

마음을 다스리는 힘은 하루아침에 만들어지는 것이 아닙니다. 부단한 기도와 정진에서 나옵니다. 한산자가 차가운 바위 동굴에 살면서 세속적 욕망에 물들지 않으려고 애쓴 것처럼 일상 속에서 보다 양심적이고 보다 불자다운 삶을 살아가려고 노력할 때 조금씩이나마 청정한 불성을 드러낼 수 있습니다.

바람이 부니
구름이 흩어지네

# 나에게 포대 하나 있으니

발우 하나로 천 집의 밥을 먹고
외로운 몸 만 리에 떠도네.
푸른 눈은 사람을 보는 일 없고
길을 물으니 백운의 끝이더라.

늠름하고 자재하여 하는 일 없으니
한가롭고 한가로와 출가한 장부일세.
눈앞에 참된 도를 본다 하여도
티끌만큼도 기이하게 여기지 않아.

나에게 포대 하나 있으니
허공에 걸림이 없어라.
열어 펴면 우주에 두루하고
오므리면 관자재로다.

미륵, 참 미륵이여
천백 억의 몸으로 나투어

때때로 세상 사람들에게 보이나

세상 사람들이 스스로 알지 못하더라.<sup>*</sup>

포대화상 布袋和尙, ?~917


　포대화상布袋和尙은 당나라 말기의 사람으로 법명은 계차契此
입니다. 뚱뚱한 몸에 늘 커다란 자루를 메고 다녀서 포대라 불
렸다고 합니다. 그 자루 안에는 온갖 것들이 들어 있는데 필요
한 사람에게는 꺼내어 나누어 주었고 또 사람들이 주는 것은
무엇이든 받아서 담았습니다. 그러나 돈은 절대로 받지 않고
돌려주었다고 합니다.

　특히 아이들이 스님을 좋아하여 마을에 나타나면 우르르 몰
려가 스님의 등이며 어깨에 올라타고 과자 등을 얻어먹기도 했

---

* 一鉢千家飯 일발천가반
　靑目覩人少 청목도인소
　孤身萬里遊 고신만리유
　問路白雲頭 문로백운두

　騰騰自在無所爲 등등자재무소위
　若覩目前眞大道 약도목전진대도
　閔閑究竟出家兒 민한구경출가아
　不見纖毫也大奇 불견섬호야대기

　我有一布袋 아유일포대
　展開邊宇宙 전개변우주
　虛空無罫碍 허공무가애
　入時觀自在 입시관자재

　彌勒眞彌勒 미륵진미륵
　時時示市人 시시시시인
　分身千百億 분신천백억
　市人自不識 시인자불식

바람이 부니
구름이 흩어지네

다고 합니다. 스님이 나막신을 신고 나타나면 얼마 뒤에 비가 내리고, 짚신을 신도 나타나면 비가 그치기 때문에 사람들은 스님의 신발을 보고 날씨를 짐작하기도 했다고 합니다.

말하자면 포대화상은 남녀노소를 불문하고 민중들에게 사랑과 존경을 받던 걸승乞僧이었던 것입니다. 민간에서는 포대화상을 미륵보살의 화신이라고 믿고 있는데 그의 삶이 미륵불처럼 중생의 희노애락과 함께 했기 때문입니다.

포대화상을 그림이나 좌상 혹은 입상으로 조성하여 모시는 절이 많았습니다. 중국에서나 한국에서나 같은 전통을 가지고 있는데, 오늘날에도 많은 사찰에 포대화상을 조성하여 모시고 있습니다. 포대화상이 활동했던 중국의 봉화현에 있는 설두사에는 높이가 58m이고 청동의 무게가 500톤에 이르는 포대화상 좌상이 모셔져 있기도 합니다. 우리나라의 경우 포대화상의 몸에 아이들이 올라타고 노는 모습을 조성한 좌상도 많은데, 포대화상의 배꼽을 만지면 복이 온다는 믿음이 있어서 사찰의 포대화상을 보면 배꼽에 손때가 반질반질 묻어 있기도 합니다.

사람들이 이해할 수 없는 기행奇行과 함께 많은 일화를 남긴 포대화상이지만, 그의 삶이 곧 중생교화의 방편이었다는 것을 알아야 합니다. 그는 무소유를 철저히 실천하였고, 일체중생을 차별 없이 사랑하였으며, 나눔과 평등보시를 온 몸으로 보여주었던 것입니다. 앞에 보인 시는 포대화상이 임종을 앞두고 지은 것으로 전해집니다. 그의 삶이 그러하였듯 그의 가르침과 시도 민간의 깊은 사랑을 받으며 전해져 왔는데, 아마 그 어떤 축문이나 경구보다 민간의 사랑을 받지 않았을까 생각합니다.

포대화상은 걸림 없이 살았기에 '발우 하나로 천 집의 밥'을 먹고 살 수 있었을 것이고, 집착이 없었기에 '외로운 몸으로 만 리를 떠돌아'도 늘 즐거웠을 것입니다. 그의 자루가 가득 찼다고 하여 부자인 것도 아니고 텅 비었다고 하여도 가난한 것이 아니었으니, 떠도는 수행자의 마음 또한 차지도 않고 비지도 않는 부동不動의 경지였을 것입니다.

오늘날 이러한 마음으로 수행하는 사람이 있다면 세상은 조금 더 따뜻할 것입니다. 그러나 점점 물질이 지배하는 세상 속에 포대 하나로 삶을 꾸리고 사는 초월자가 나타나도 사람들이 그의 진면목을 알아보기 어렵습니다. 이른바 '갑질'로 물든 세상에 만 리의 천 집을 떠돌며 탁발하는 수행자가 나타나기를 기다리는 것은 어리석은 것일지 모릅니다.

그러나 세상이 각박해질수록 포대화상이 많이 나타나야 합니다. 포대화상의 정신을 배우고 그 무애자재한 삶을 실천하는 사람들이 필요합니다. 그리고 가만히 살펴보면 우리 주변에는 많은 포대화상들이 있습니다. 밥 한 끼를 나누고, 조금의 장학금을 기부하고, 이재민들에게 위로의 봉사활동을 펼치는 사람들이 다 포대화상의 분신이라고 보면 됩니다.

미륵, 참 미륵이여

바람이 부니
구름이 흩어지네

천백 억의 몸으로 나투어

때때로 세상 사람들에게 보이나

세상 사람들이 스스로 알지 못하더라.


　단 한 번이라도 남을 위해 자신을 낮추고 희생하고 재물을 나눈다면 그가 곧 포대화상의 분신이고 미륵의 분신이라는 것을. 미륵의 화신은 천백 억으로 몸을 나타냅니다. 천백 억이라는 수는 과거 현재 미래를 초월하는 영원과 무한의 숫자입니다. 누구나 언제나 어디서나 선행을 베푸는 사람은 미륵의 분신이고 포대화상의 분신인데, 사람들은 그것을 알지 못하고 중생의 안목에서 계산하고 바라보기 때문에 귀한 공덕마저 하찮은 행위로 돌려버리는 것입니다.

　하루 한 번이라도 포대화상의 무애자재한 삶을 생각하면 세상살이의 시름과 애환이 조금은 달래지지 않을까요? 스스로에게 갖추어진 미륵의 마음을 꺼내 쓰기 바랍니다. 🖋

# 빈 배 가득 밝은 달빛만 싣고

천 척 낚싯줄 곧게 드리우니
한 물결 일 때마다 모든 물결 따라 이네.
고요한 밤 강물 차가워 고기 물지 않으니
빈 배 가득 밝은 달빛만 싣고 돌아오네.\*

화정 선자 華亭舡子, ?~?

왠지 한 번 쯤 들어 본 시라는 생각이 들지 않으십니까? 아마 학창시절에 외웠던 유사한 시조 한 수가 떠오르긴 할 것입니다. 그러나 그 얘기는 뒤에 하기로 하고 우선 이 시의 지은이에 대해 설명을 할 필요가 있을 것 같습니다.

화정 선자는 당나라 때의 스님인데, 약산유엄藥山惟儼이라는 유명한 선사의 제자입니다. 원래 법명은 덕성德誠인데 스승으로부터 인가를 받은 뒤에 세상으로 나와 지금의 절강성에 있는 소주蘇州의 화정현華亭縣에서 작은 배 한 척을 강물에 띄우고 오가는 사람들을 태워주며 살았습니다. 뱃사공 노릇을 했

---

\* 千尺絲綸直下垂 천척사륜직하수   一波縷動萬波隨 일파재동만파수
  夜靜水寒魚不食 야정수한어불식   滿舡空載月明歸 만선공재월명귀

다고 생각하면 됩니다.

그러나 그는 돈벌이를 위해 뱃사공을 한 것이 아닙니다. 배를 타는 사람들에게 인연과 기틀에 따라 법을 설하였으므로 뱃사공이라는 것은 하나의 방편에 불과했습니다. 아무튼 뱃사공 스님을 세상 사람들은 화정 선자華亭船子 또는 선자 화상船子和尙이라 불렀고 그 별호가 본래의 법명보다 유명해지게 된 것입니다.

〈전등록〉에 화정 선자에 관한 이야기 한 편이 전하는데 내용은 이렇습니다.

수주 화정의 뱃사공 덕성 선사는 절개와 지조가 높고 빼어나며 도량이 남달랐다. 약산에게 인가를 받은 후로 항상 도오·운암과 도반으로서 서로 잘 교섭하고 통하였다. 약산 문하를 떠날 시기가 되자 두 도반에게 말했다.

'그대들은 분명 각자 한곳에서 자리를 차지하고 약산의 종지를 건립할 것이네만, 나는 타고난 성질이 제멋대로이고 속박을 싫어하여 단지 산수를 좋아하고 자연의 정취를 즐길 뿐 부족한 재주는 그대로 버려둘 생각이오. 훗날 내가 머물고 있는 곳을 알게 되고 영리한 좌주를 만나게 되거든 한 사람 보내주시오. 혹 다듬을 가치가 있는 이라면 평생 동안 터득한 일깨움을 주어 선사의 은혜에 보답하리다.'

마침내 도반들과 따로 헤어진 덕성 선사는 수주 화정에 이르러 작은 배 하나를 띄우고 인연 따라 소일하며 사방에서 오가는 사람들을 대하였으니, 당시 사람들은 선사의 초탈한 면모를 알지 못한 채 다만 선자화상이라 불렀다. 하루는 강가에 배를 대고 한가하게 앉았는데, 어떤 관인이 물었다. '당신이 일상적으로 하고 있는 일은 무엇이오?' 선사가 노를 꼿꼿이 세우고 '알겠소?'라고 하였으나, 관원은 '모르겠소'라고 하였다. '노를 저어 맑은 파도를 파 뒤집어보아도 비단잉어를 만나기는 어려운 법이라'고 하고, 다시 게송을 지어 읊었다.

'30년을 낚시터에 눌러앉아 있었건만, 낚싯바늘 끝에는 이따금 작은 물고기만 걸려들 뿐이로세. 비단잉어는 잡지도 못하고 헛수고만 하였으니, 낚싯줄 거두어 돌아가리.'

이에 따르면, 화정 선자는 아주 명철한 도인임에 틀림없습니다. 깨달음을 이룬 후 세속에 나아가 세상 사람들과 어울리며 진정한 삶의 도리를 일깨워주는 전법활동을 하는 것은 당연한 일입니다. 석가모니 부처님도 깨달음을 이룬 뒤 다섯 비구를 찾아가 깨달은 내용을 설하여 감복시켰습니다. 그 첫 설법이 있음으로 하여 불교라는 종교도 인류사에 등장하게 되었던 것입니다.

화정 선자의 경우 뱃사공이라는 독특한 방편을 통해 세상 사람들과 소통하며 깨달음의 자리를 전하고 가르쳤던 것이라 하겠습니다. 그런 그의 삶이 낳은 시가 바로 여기 보인 '천 척 낚싯줄 곧게 드리우니[千尺絲綸直下垂]'라 할 수 있습니다. 이 시는 어디 하나 흠잡을 데 없이 완벽한 선의 세계를 보여주고 있으며, 그것은 바로 무욕無慾의 세계, 텅 빈 충만의 세계로 통하는 것입니다.

시의 전반부 두 구는 세속 삶의 일상을 묘사합니다. 긴 낚싯줄을 곧장 아래로 드리운다는 것은 물고기를 잡으려는 욕망의 표현이고 물결이 일렁이는 것은 욕망을 따라오는 번민과 갈등이라 하겠습니다. 그러나 선사의 마음은 물고기[욕심]를 잡는 데 있는 것이 아니므로, 선정의 세계 즉 '고요한 밤' 그것도 고기가 입질도 하지 않는 고요한 밤으로 장면을 전환시킵니다. 그리하여 결국 텅 빈 배에 밝은 달빛만 싣고 돌아오는 경지를 드러냅니다.

당연히 텅 빈 배는 무욕의 극치이고 밝은 달빛은 깨달음의 세계입니다. 전체적으로 흐르는 시정은 매우 서정적인 듯하지만 그 안에 펄떡이는 깨달음의 활구가 이 시의 매력이라 하겠습니다.

자, 이제 앞에서 말한 어디선가 한 번 쯤 들어 본 듯한 느낌의 정체를 밝혀야 할 순간입니다. 화정 선자의 이 시는 우리나라에서도 아주 많이 애송되었던 듯합니다. 조선 성종의 형인 월산대군(月山大君, 1454~1488)이 지금의 서울 마포구 망원동 망원정 앞 한강에서 시를 읊으며 소일을 할 때 지은 시가 있는데, 바로 이 화정 선자의 시를 번안한 것입니다.

추강에 밤이 드니 물결이 차노매라.

낚시 드리우니 고기 아니 무노매라.

무심한 달빛만 싣고 빈 배 저어 오노매라.


　이 시 역시 가을밤의 정취를 무욕의 삶으로 노래한 것입니다. 아버지를 일찍 여의고 할아버지인 세조의 사랑을 받으며 자란 월산대군은 원래 왕이 될 위치에 있었습니다. 그러나 한명회 등의 농간으로 왕위를 받지 못하고 아주 불편한 자리인 '왕의 형'으로 살아야 했습니다. 그러므로 월산대군은 권력에 대해 아무런 욕심이 없어야 했으므로 음풍농월에 빠져들어야 했습니다. 피 튀기는 권력과 정치 현실에서 그것만이 자신이 잘 살 수 있는 길이었던 것입니다.

　그런 정황 속에 지어진 월산대군의 '추강에 밤이드니'는 화정 선자의 시상과는 전혀 다른 입장에서 이해될 수밖에 없습니다. 월산대군의 '추강'은 의도적이고 기획적인 무심이므로 화정선사의 선취가 듬뿍 묻어나는 '야정夜靜'과는 많이 다르다 하겠습니다. 🐟

# 봄바람 베는 것과 같으리

이 몸은 본래 내 것이 아니요
오온 또한 빈 것이라네.
이제 번쩍이는 칼날로 머리를 내려치지만
마치 봄바람 베는 것과 같으리.*

승조 僧肇, 384~414

의로운 일에는 어떤 사리사욕도 물들지 못합니다. 그래서 의
인義人은 죽음 앞에서도 지조를 버리지 않습니다. 오히려 죽음
을 고스란히 받아들이며 그 의로움을 지켜냅니다. 인류 역사
에 그러한 의인은 많고 그 숭고한 죽음은 길이 후손들에게 교
훈이 됩니다.

종교의 역사에서도 죽음으로써 종교적 혹은 신앙적 지조를
지킨 분들이 많습니다. 그들이 지키고자 한 지조는 절대불변의
가르침에 대한 철저한 믿음이고 확신입니다. 그런데 물질만능
시대라고 하는 요즘에는 의인이 나오기가 어렵다고 생각하는

---

* 四大元無主 사대원무주    五蘊本來空 오온본래공
  將頭臨白刃 장두임백인    猶如斬春風 유여참춘풍

분들이 많은 듯합니다.

그러나 그렇지 않습니다. 중생계에는 언제나 진리 혹은 진실을 지키려는 사람과 그것을 억누르고 왜곡시키려는 사람의 대립이 있습니다. 어떤 상황이 발생하면 스스로의 가치를 숭고하게 지키려는 의인은 나오게 마련입니다. 그래서 인간의 세상이 통째로 지옥이 될 수 없는 것입니다.

승조 법사는 중국 진晉나라 때의 스님입니다. 산시성 장안에서 태어났는데 어려서부터 도학 공부하기를 좋아하였습니다. 처음에는 노장老莊을 공부했지만, 어느 순간 〈열반경〉을 읽고 눈이 번쩍 뜨여 불교에 귀의해 당시 천재적인 번역가 구마라집의 제자가 되었습니다. 그리고 학문적으로나 수행자로나 매우 뛰어난 재주를 보여 많은 사람들의 칭찬과 존경을 받았습니다.

그의 높은 이름은 마침내 왕의 귀에도 들어갔고, 왕은 그를 환속시켜 재상으로 삼으려고 했습니다. 그러나 승조 법사는 끝내 거절했습니다. 세속적 욕망을 끊은 지 오래인데, 오직 진리의 세계를 갈구하며 경학을 수행하는데, 아무리 높은 벼슬을 준다한들 무슨 의미가 있겠습니까? 물욕은 유한한 것이고 진리는 무한하고 무궁한 것이니 승조 법사는 환속할 생각이 전혀 없었던 것입니다.

마침내 화가 난 왕은 사람을 보내 승조 법사를 참형에 처하라 명합니다. 죽음 앞에서는 마음을 돌릴 것이라 생각한 것입니다. 그러나 승조 법사는 태연하게 목을 내놓습니다. 그리고

바람이 부니
구름이 흩어지네

"나를 죽이려면 죽여도 좋습니다. 그러나 내가 꼭 할 일이 있으니 7일만 시간을 주시오." 하고 부탁을 합니다. 그렇게 얻은 일주일 동안 승조 법사는 명저 〈보장론〉을 지었다고 합니다.

단편적으로나마 전해오는 승조 법사의 생애는 매우 감동적입니다. 학문에 대한 열정과 불퇴전의 수행력 그리고 목숨을 버려서도 세속적 욕망에 물들지 않으려는 지조를 지킨 참다운 수행자의 표상인 것입니다. 승조 법사는 서른 한 살의 나이로 형장의 이슬로 사라지는 그 순간에 시를 한 편 남김으로써 그 죽음의 의미를 후세에 길이 전하게 되었습니다.

시는 모두 20글자로 이루어졌지만 그 안에 담긴 의미는 시간과 공간을 초월하는 크기를 가지고 있다고 하겠습니다. 사대 四大는 인간의 육체를 구성하는 네 가지 요소입니다. 땅기운과 물 기운, 불 기운, 바람 기운 즉 지수화풍地水火風의 네 요소입니다. 이는 인간의 육체뿐 아니라 일체의 존재를 구성하는 기본 요소들이기도 합니다.

지금 자신의 육체라는 것은 분명 자신의 것으로 존재합니다. 그러나 그 육체는 유한의 존재일 뿐입니다. 100년도 못가서 죽음을 맞게 되고, 죽으면 육체는 다시 자연으로 흩어져 가버립니다. 지금의 존재는 영원한 존재가 아니기에 집착할 것도 없습니다. 깨달은 사람의 안목에서 볼 때 인간의 한 생애는 눈 깜짝 할 사이에 지나지 않는 것이니, 목숨에 연연하여 진리의 세계를 포기할 수는 없는 것입니다.

오온 또한 사대와 마찬가지로 무한의 실상인데, 눈앞의 욕심에 사로잡혀 그 허상을 진실이라 말 할 수는 없는 것입니다. 오온이란 색色 수受 상想 행行 식識의 다섯 요소를 말하는 것이니, 우리에게 감각되고 인식되는 모든 것입니다. 이미 육신이 유한의 허상인데 그 육신에 포착되는 오온이라는 것이 영원한 진리일 수는 없습니다.

그래서 사대는 내 것이 아니고 오온 또한 텅 빈 것이라는 선사의 신념은 '목에 칼이 들어와도' 변할 수 없는 것입니다. 이 절체절명의 순간에도 승조 법사는 태연자약하게 자신의 목이 베어지는 것이나 봄바람 속 허공에 칼이 휘둘러지는 것이나 다를 것이 없다고 노래합니다.

칼로 목을 베는 것이나 봄바람을 베는 것이나 같다는 구절에서 우리는 일체만상이 진실이 아닌 허상이라는 가르침을 철저하게 받아들이게 됩니다. 지금의 존재를 영원한 진실이라 믿는다면 그에 대한 집착으로 아무것도 할 수 없습니다. 집착은 또 다른 집착을 낳으며 점차 확대되고 결국 세상은 아귀다툼의 지옥이 되고 말 것입니다.

죽음을 초월할 수 있는 용기는 어디에서 올까요? 그것은 진리에 대한 믿음 즉 부처님의 가르침에 대한 믿음에서 나온다고 할 수 있습니다. 그 큰 믿음이 자기 자신에 대한 믿음으로 쌓이고 쌓여서 자신과 불법佛法이 둘 아니게 자리를 잡으면, 그곳에서는 죽음을 초월하는 용기가 솟구칩니다.

우리나라에도 죽음을 두려워하지 않고 왕의 부름을 거절한 고승이 있습니다. 바로 신라의 자장율사慈裝律師입니다. 그의 인품과 도력을 흠모하던 선덕여왕이 그에게 나라를 다스려 달라며 벼슬을 내리고 서라벌로 오시라고 사람을 여러 차례 보냈지만 끝내 거절하였습니다.

정중하던 요청은 어느새 분노로 바뀌었고 왕은 최후통첩을 합니다. "이번에도 거절하면 목이라도 베어오라"고 말입니다.

사신이 그러한 정황을 이야기하자 자장율사는 머리를 내놓으며 "내 차라리 계를 지니고 하루를 살다가 죽을지언정 파계하고 백 년 살기를 원치 않는다"고 말했습니다. 이토록 의연한 율사의 태도에 사신은 칼을 뺄 수 없었고 왕에게 가감없이 보고하여 다시는 벼슬살이를 종용하지 않았다고 합니다.

승조 법사와 자장율사의 수행자로서의 신념과 처신은 그 참혹한 죽음마저도 초월한 경지에서 길이 전해지고 있습니다. 오늘날 공부하는 사람들의 마음도 그렇게 처절하고 그렇게 신념에 가득 차 있다면 세상은 보다 더 밝아질 것입니다.

# 지옥이 두렵지 않다네

내 나이 일흔 여섯

세상의 인연을 다 했네.

살아서는 천당을 좋아하지 않았고

죽어서는 지옥을 두려워하지 않는다네.[*]

부용도개 芙蓉道楷, 1043~1118

인간이 갖는 공포의 최상은 죽음입니다. 죽음에 대한 공포를 능가할 공포나 두려움은 없습니다. 이 죽음이라는 불가사의한 공포로 인해 종교가 생겼다고 해도 과언이 아닐지 모릅니다. 모든 종교는 사후세계에 대한 공포로부터 시작되었고, 죽음 이후에 대한 준비를 위해 살아생전 해야 할 일들을 가르치는 것입니다.

삶과 죽음 혹은 죽음과 삶이라는 대립적 개념의 극복에 대한 인류의 거대한 담론은 종교뿐 아니라 예술과 문화에도 가장 근본적인 동인動因을 이루고 있습니다. 사람에게 가장 중요

---

[*] 吾年七十六 오년칠십육    世緣今己足 세연금이족
　　生不愛天堂 생불애천당    死不怕地獄 사불파지옥

한 것은 사는 것과 죽는 것입니다. 어떻게 사느냐의 문제와 어떻게 죽느냐의 숙제가 인간 삶의 전반을 지배하는 본능적인 기류입니다.

부처님이 출가를 한 것도 바로 이 죽음의 문제를 포함한 인간의 현세적 고통을 벗어나기 위함이었습니다. 부처님은 삶과 죽음을 단절된 경계가 아니라 연속적 경계에서 이해하는 지혜를 발견하였는데, 그것이 바로 연기적 질서 혹은 인과의 법칙이라고 할 수 있습니다. 죽음이 끝이라는 생각을 하면, 죽음은 두렵기 그지없는 것입니다. 그러나 죽음은 또 다른 삶으로의 전환에 불과하다고 생각하면 그렇게 두려워해야 할 이유도 없습니다.

선사들은 죽음을 아주 가볍게 여겼습니다. 사대로 이루어진 이 몸은 허상이라는 것을 철저하게 인식하기 때문입니다. 허상으로서의 육신을 벗고 지혜의 실상으로서의 마음이 평온해지는 길을 알기 때문에 죽음은 두려운 것이 아니라 새로운 자유로 나아가는 넓고 밝은 통로라고 믿는 것입니다.

그러한 선사들의 수행력은 죽음 앞에서 읊는 '임종게' 혹은 '열반송'에서 절정을 이룹니다. 죽음을 앞두고 한 수의 시를 토해낸다는 것만으로도 평범한 사람의 경지를 넘어서는 일인데, 그 시의 내용이 팔만사천 법문을 압축한 촌철살인의 진리일 때 우리는 자연스럽게 충격적인 진리의 원음을 듣게 되는 것입니다.

선불교의 중요한 전통 가운데 하나가 당면한 경지를 시로 표출하는 것입니다. 선승은 일생에 단 3편의 시만 남길 수 있으면 족합니다. 출가를 할 때 짓는 출가시와 깨달음의 경지에 이르러 토해내는 오도송 그리고 죽음 앞에서 읊는 임종게 혹은 열반송(게)이 그것입니다. 대체적으로 출가송은 흔하지 않습니다. 출가를 하는 마당에 시를 읊조릴 형편이 되지 못하거나 출가의 심경을 시로 형상화할 만큼 공부가 되지 않은 경우도 있기 때문일 것입니다. 그러나 수행을 하여 마침내 어떤 경지에 이르면 그 경지를 드러내어 스승과 자신에게 깨침의 징표를 보이는 것이 관례입니다. 거기에서 오도송이 터져 나오는 것입니다.

선승이 삶을 마무리하는 순간, 살아온 날들 혹은 수행의 시간들을 한 마디 유훈으로 남기고자 읊는 것이 임종게인데 거기에 자신의 한 생애가 다 녹아들게 되는 것입니다.

위에 보인 시는 송나라의 선승 부용도개 스님의 임종게입니다. 아주 평범한 앞의 두 구절과 아주 뛰어난 뒤의 두 구절이 절묘한 조화를 이룹니다. 76년의 삶을 담담히 내려놓는 심경이 앞의 두 구절입니다. 그러나 뒤의 두 구절은 마른하늘의 벼락과도 같은 내용의 진술입니다.

'살아서 천당을 좋아하지 않았고 죽어서 지옥을 겁내지 않는다'는 말은 결코 아무나 할 수 있는 말이 아닙니다. 보통사람에게는 살아간다는 것 자체가 천당을 구하는 일입니다. 천당이

바람이 부니
구름이 흩어지네

란 죽음 이후에까지 좋은 모습이기를 바라는 인간의 본능을 상징하는 말입니다. 즉 지금의 현생도 좋고 죽은 뒤 내생도 좋기를 바라는 인간적인 욕심입니다. 부용도개 스님은 76년 생애를 두고 그러한 천당을 구하지 않았다고 당당하게 말합니다. 철저하게 물욕을 내려놓고 살았음을 선언하는 겁니다.

그리고 '죽어서 지옥을 두려워하지 않는다'는 구절 역시 당당하기 이를 데 없는 진술 혹은 선언입니다. 이미 살아 온 76년이 물욕을 떠난 지고지순의 맑은 시간이었는데 어디에 죄가 있어서 지옥으로 떨어지겠느냐? 하는 것입니다.

자신의 삶을 이렇게 당당하게 정리할 수 있는 사람이 과연 몇 명이나 될까요? 부용도개 스님처럼 매 순간 최선을 다해 허상을 뿌리치고 실상을 보고 느끼는 삶을 살았다고 자신 있게 말할 수 있는 삶이 진정한 불자의 삶입니다.

메멘토 모리(memento mori)! '죽음을 기억하라' 혹은 '너는 반드시 죽는다는 사실을 기억하라'는 라틴어입니다. 옛날 로마시대에 전쟁에서 승리하고 돌아오는 개선장군의 행렬 맨 뒤에서는 이 단어가 외쳐졌다고 합니다. 기세등등한 개선장군의 행렬 끝에서 "너도 언젠가는 반드시 죽는다!"고 외친 까닭은 간단합니다. 오늘의 승리를 두고 너무 자만하지 말라는 것입니다. 인간은 누구나 죽게 되는데, 지나치게 승리에 도취되어 자만하지 말라는 경계의 외침이었던 것입니다.

멀리 사람의 발길이 끊어진 곳

산이 단풍들어 가을인 줄 알았네.

바위틈에 한 숨 자다 깨어 보니

사는 걱정 모두 다 날아 가버렸네.*

　이 시도 부용도개 스님의 작품인데, 선승으로서의 활달 자재
한 경지가 잘 드러나고 있습니다. 선승들은 인생에서 가장 큰
두려움인 죽음을 가볍게 건너뛰는 무한의 에너지를 찾았을 때
일대사인연을 마감했다고 말합니다. 🐚

---

# 있는 것과 없는 것의 차이

우물 밑에서 진흙소가 달을 향해 울고
구름 사이 목마울음 바람에 섞이네.
이 하늘 이 땅을 움켜잡나니
누가 서쪽이라 동쪽이라 가름하는가.[*]

원오극근 圜悟克勤, 1063-1135

'초월超越'이라는 말은 어떤 범위나 한계를 건너뛴다는 의미입니다. 흔히 극한의 체험을 하거나 극도로 어려운 일을 해 냈을 때 '인간의 한계를 초월하는'이라는 표현을 씁니다. 인간으로 도저히 해낼 수 없다고 생각되는 일을 해냈을 경우 한계를 초월했다고 하는 겁니다.

선사들도 깨달음의 세계를 초월적인 세계로 묘사하는 경우가 많습니다. 범속한 사람의 생각과 인식의 범위 안에서 이루어지는 일은 대개가 세속적 욕망을 벗어나지 못합니다. 인간의 일은 인간의 인식 범위 안에서 일어나는 것이고, 인간의 인식

---

[*] 井底泥牛吼月 정저니우후월　雲間木馬嘶風 운간목마시풍
　把斷乾坤世界 파단건곤세계　誰分南北西東 수분남북서동

범위는 결국 세속적입니다. 그러므로 탐진치 삼독과 오온의 경계를 벗어나지 못한 범위를 훨훨 벗어나 대자유의 세계를 점령할 때 진정한 자유인이 됩니다. 불교가 추구하는 세계는 바로 대자유의 세계이지 욕망 속에서 다른 욕망을 채우는 집착의 범주가 아닙니다.

선불교의 핵심도 인간의 의지를 초월한 곳에서 번뇌 망상과 욕망에 사로잡히지 않고 본래 청정의 불성을 회복하는 것입니다. 그러므로 초월의 세계를 향해 끊임없이 수행하여 가는 것이 선사들의 일상인 겁니다.

위에 보인 시는 선종에서 '종문제일서宗門第一書'라고 찬탄해 마지않는 〈벽암록〉을 지은 원오극근 스님인데, 선불교가 추구하는 초월이 어떤 것인가를 잘 보여줍니다. 선수행의 목적은 바로 해탈입니다. 해탈은 본래의 불성으로 돌아가 삼라만상과 하나가 되어 우주의 주인이 되는 것입니다. 그 길을 가기 위해서는 인간의 면모에서 인지하는 세계관을 초월하지 않으면 안 됩니다.

여기 한 송이의 꽃이 있습니다. 범부중생이 보는 꽃과 깨달은 이가 보는 꽃은 같을 수 없습니다. 무엇이 어떻게 다른가에 대해서는 나도 깨달음에 이르지 못하여 잘 알 수 없지만, 깨달은 이의 안목은 중생심을 떠났기에 분명히 다른 차원에서 꽃을 볼 것입니다.

〈금강경〉의 입장에서는 아마 "꽃을 보지만 이는 꽃이 아니라 그 이름이 꽃일 뿐이다"라는 즉비卽非의 논리로 볼 것입니다. 또 〈화엄경〉의 입장에서 꽃을 본다면 "여기 한 송이 꽃이 있으니 이 한 송이 꽃 속에 우주만상이 다 피어 있도다"라는 '일즉다 다즉일'의 논리로 볼지도 모르겠습니다.

아무튼 깨달음의 세계는 인간(중생)의 세계를 초월한 곳에 펼쳐지는 것이므로 깨달음의 세계를 맛 본 선사들의 시도 아주 초월적인 논리로 진리가 표현되는 경우가 많습니다. 이를 잘못 해석하면 아주 우매한 해석이 되어 혹세무민하게 되므로 선시도 잘 읽어야 약이 됩니다.

원오극근 스님의 시는 온통 '말도 안 되는' 비현실적인 상황으로 점철되고 있습니다.

우물 밑바닥에는 진흙소가 살 수도 없고, 그 소가 달을 향해 울음을 울 수도 없습니다. 진흙소라는 설정 자체가 황당하기도 합니다. 나아가 구름 사이에 목마가 운다는 설정도 공상과학 만화 수준입니다. 목마가 울어서 그 소리가 바람에 섞인다는 것은 있을 수 없는 일입니다.

시의 후반에서도 마찬가지입니다. 하늘과 땅을 움켜잡는다는 것은 인간으로서는 도저히 할 수 없는 일인데 누가 서쪽과 동쪽을 나누어 말하는가 묻습니다. 그리고는 아무런 대답도 없이 시를 마쳐 버렸습니다.

도대체 원오극근 스님은 무엇을 말하기 위해 이 시를 썼을까요? 말하자면 이 시는 깨달은 이의 안목으로 인식하는 세계관이 어떤 것인가를 알려주고 있습니다. 진흙소가 우물 아래에서 운다는 것을 인간의 인식 범위 안에서 생각하면 어불성설이지만 초월자의 입장에서 보면 아무런 문제가 없는 일이 되기도 합니다. 애시 당초 진흙소도 우물도 달도 없기 때문입니다. 그러한 유한의 존재는 인간(중생)의 욕망이 만들어 낸 허상에 불과한데, 그 존재 가능성과 논리를 따지는 것은 아무런 의미가 없는 것입니다.

진흙소나 목마는 어차피 허상입니다. 그 허상의 진실을 알고 나면, 우물 밑바닥에 진흙소가 살 수도 있고 목마가 길게 울음을 토해낼 수도 있는 것입니다. 그러한 초월의 경지를 체험하고 난 다음에 이야기 할 것일 뿐, 중생의 알음알이와 논리로 따질 수는 없는 것입니다.

선사들은 '비논리'와 '비실재'의 소재들을 동원해 쓴 시를 통해 초월의 세계를 한껏 부풀려 보여줌으로써 그 존재의 실상을 제대로 인식하라고 채찍질하는 것입니다.

있는 것은 있기 때문에 번뇌가 되고 없는 것은 없기 때문에 번뇌가 되는 것이 중생의 범위입니다. 있고 없고를 모두 초월할 때 존재와 비존재 실재와 비실재의 차이가 없어집니다. 그 논리적 초월을 통해 삼라만상의 진실한 모습을 감지하고 자유롭게 사유하고 자유롭게 살아가라는 것이 선사들의 가르침입니다.

우리의 삶에서도 더러 지나치게 상식에 얽매여 큰일을 그르치는 경우가 있습니다. 모든 일에는 반드시 보이는 것과 보이지 않는 것이 있습니다. 보이는 것에만 집착하면 보이지 않는 것을 감지하지 못합니다. 보이는 것 그 뒤에 도사린 보이지 않는 것을 알아차리는 지혜가 있는 사람은 아무리 어렵고 큰일이라도 수월하게 해 낼 수 있습니다.

원오극근 스님이 진흙소와 목마를 통해 우리에게 요구하는 것은 바로 초월의 세계로 들어오라는 것입니다. 중생심을 부여잡고 따지고 계산할 것이 아니라 훤하게 트인 깨달음의 안목에서 자유롭게 생각하고 자유롭게 판단하는 활달 자재한 삶을 열어가라는 것입니다. 이렇게 툭 트인 언어의 세계가 선시의 묘미이기도 합니다.

# 가지 끝의 허공을 보라

꽃 피니 가지 가득 붉은색이요,

꽃 지니 가지마다 빈 허공이네

꽃 한 송이 가지 끝에 남아 있나니,

내일이면 바람 따라 어디론지 가리라.*

지현후각 知玄後覺, 847~?

우리는 한 사람을 하나의 우주라고 말합니다. 사람 뿐 아니라 모든 생명은 하나의 우주일 수 있습니다. 그 생명의 입장에서 보면, 스스로의 존재가 있음으로 해서 모든 것이 공존할 수 있는 것이니까요. 내가 없는데 너의 존재가 무슨 의미가 있고, 내가 없는데 삼라만상이 어떻게 인지되어 관계할 수 있겠습니까? 그러므로 존재하는 모든 것은 그 자체로 하나의 우주이고 하나의 세계가 되는 겁니다.

불교의 존재론은 바로 이 주체성에서 비롯되는 연기적 질서를 관통하는 체계입니다. 존재와 관계, 이것은 매우 복잡한 형

---

* 花開滿樹紅 화개만수홍    花落萬枝空 화락만지공
  唯餘一朵在 유여일타재    明日定隨風 명일정수풍

바람이 부니
구름이 흩어지네

상으로 얽히는 것이므로 길게 얘기 할수록 머리가 복잡해 질수 있습니다. 다만, 중요한 것은 한 사람의 생애가 단지 그 사람만의 생애일 수는 없다는 것입니다. 살아가는 동안 관계하는 수많은 인연들이 복잡하게 만들어 가는 일들이 혼자만의 일은 아니라는 말입니다.

보고, 듣고, 느끼고, 말하는 주체로서의 내가 있다면 보여 지고 들리고 느껴지고 말을 들어주는 상대가 있음을 우리는 부정할 수 없습니다. 그것이 인과의 도리, 연기의 질서입니다. 그 속에서 우리는 많은 스트레스를 받기도 하고 행복에 젖기도 하는데, 행복과 스트레스도 알고 보면 다 헛된 것입니다. 그 허망한 삶의 과정을 선승들은 잠시 피었다 지는 한 송이 꽃에 불과하다고 표현합니다.

무상無常이란 일체가 잠시 피었다 지는 꽃일 뿐이라는 것이고, 나아가 그 꽃조차도 실재하는 것이 아닙니다. 고정불변은 없습니다. 모든 것이 변하고 그 변화의 과정에 놓여 있는 것이 현재이고 미래일 뿐입니다. 있다고 집착하고 영원할 것이라 착각하는 데서 인생의 불행이 시작된다는 것입니다.

당나라 때 지현후각 선사는 한 그루의 나무에서 그 무상의 철저한 실상을 보고 있습니다. 꽃이 피어 가지마다 화려하던 시간이 있었지만, 꽃이 지고 나니 가지 끝은 텅 빈 허공일 뿐입니다. 있음과 없음의 실상은 봄과 여름 그리고 가을로 흐르는 시간을 따라 변하고 또 변하는 것입니다. 그러니까 무엇이 있어도 있다고 할 수 있는 게 아닙니다.

설령 마지막 한 송이의 꽃이 가지에 대롱대롱 매달려 있다한들, 한 줄기 바람이 불어오면 맥없이 떨어져 버릴 것입니다. 그런데 그것을 모르고 아직 꽃이 피어 있다고 좋아하는 것은 얼마나 어리석은 노릇이겠습니까.

한 그루의 나무가 들려주는 존재의 실상에 대한 법문, 지현후각 선사는 바로 그 법문을 제대로 알아들으라고 하는 것입니다.

이 선시를 대하고 나면 오헨리의 '마지막 잎새'라는 소설이 떠오릅니다. 담쟁이 넝쿨 잎이 다 떨어지면 자신도 죽을 것이라고 생각하는 주인공. 삶에 대한 집착마저 놓쳐버린 서글픈 심정을 위로하기 위해 벽에 잎새를 그려 넣고 죽는 늙은 화가. 그 처연한 현실을 통해 우리는 생명의 고결한 가치를 배우게 됩니다. 지현후각 선사의 시가 애잔하게 느껴지는 것도 생명의 무상을 느끼게 해 주기 때문일 겁니다.

어떤 경우든 지나친 집착은 병이 됩니다. 봄에 핀 아름다운 꽃이 항상 그 아름다움을 유지하길 바란다면 그것은 어리석은 일입니다. 때가 되면 꽃이 피고 다시 때가 되면 꽃은 져야 합니다. 꽃이 져야 열매를 얻을 수 있습니다.

꽃이 피는 것은 그 아름다움을 뽐내기 위함이 아니라 열매를 얻기 위함이라는 걸 알아야 합니다. 그걸 모르면 꽃이 영원히 피어 있기를 바라는 어리석음에 빠지게 됩니다. 꽃이 지고

바람이 부니
구름이 흩어지네

열매가 맺는다는 그 이치를 알면 꽃이 지는 것을 당연하게 받아들이게 됩니다. 자연의 이치에 순응한다는 말입니다. 연기적 질서를 보지 못하고 현상에 집착하는데서 중생의 어리석음이 생기는 것입니다. 마치 봄꽃이 영원히 피어 향기를 뿜어주기를 바라는 것처럼 말입니다.

그리고 연기적 질서가 바로 무상이라는 것을 알아야 합니다. 무상을 이해하지 못하면 연기의 질서를 이해할 수 없습니다. 꽃이 피었다 지고 그 자리에 열매가 맺지만 그 열매 역시 때가 되면 떨어집니다. 그래야 그 열매는 새로운 싹을 틔워 새로운 개체를 탄생시킬 수 있습니다.

꽃이 피고 열매가 맺고 새로운 나무가 탄생하는 그 순환의 과정을 이해하지 못하면 꽃에 혹은 열매에 집착하게 되는 겁니다. 그 하나하나의 과정은 무상의 흐름이고 인과의 흐름입니다. 그 질서를 이해하면 거기에 집착할 것이 아무것도 없음을 알게 됩니다. 집착하지 않으면 그 흐름을 있는 그대로 볼 줄 아는 지혜도 생기게 되는 것입니다.

지현후각 선사의 선시가 가르치는 진리는 바로 그 순환의 무상함을 보고 삼라만상도 인간의 생명도 다 연기의 질서 속에 놓여 있다는 것을 깨우치라는 겁니다. 그 깨우침이 삶을 가볍게 만들어주고 진실하게 만들어 주기 때문입니다.

취미로 분재를 가꾸는 사람이 그 분재의 아름다움에 집착하면 아름다움 밖에 못 볼 것입니다. 재산적 가치에 집착하면 분재는 돈으로만 보일 것입니다. 그렇다면 그것은 바른 취미라 할 수 없습니다.

　분재가 자라는 과정, 분재의 형태를 만들어 가는 과정에서 무상과 인과를 본다면 그는 분재를 가꾸는 것이 아니라 자기의 내면을 가꾼다고 할 수 있을 것입니다. 물론 그렇게 가꾸어진 내면은 소박하고 아름다운 무욕無慾의 인품을 형성하게 될 것입니다.

　우리가 보다 맑은 삶을 살기 위해서는 봄꽃의 화려함을 즐기고 찬사를 보내되 그 낙화를 슬퍼하지 않는 것이고, 빈 가지 끝에 드러난 허공을 보되 그 쓸쓸함에 물들지 않는 것입니다. 꽃한 송이가 지지 않고 있다고 해도 거기 특별히 집착할 일도 없음을 아는 지혜가 필요합니다. 존재의 원천은 무상이기 때문입니다.

　오늘 새벽 가을비가 내리고 바람이 불더니 마당가득 노란 은행잎이 떨어져 있습니다. 이 은행잎은 봄에 싹을 틔워 여름내내 푸름을 더해가던 바로 그 생기 넘치던 잎들입니다. 바야흐로 불어오는 가을바람에 이렇게 떨어져 마당을 덮었으니 이 은행잎들은 이제 어디로 가는 것일까요? ✍

# 너 자신을 알고 싶거든

'영명의 뜻'을 알고 싶거든
문 앞의 저 호수를 보라.
해가 뜨면 반짝이고
바람 불면 물결이 이네.*

영명연수 永明延壽, 904~975

이 시를 지은 영명연수 선사는 송대 초기 중국 불교계에 혜성처럼 등장한 걸승傑僧입니다. 그는 선과 교는 물론 염불 수행에도 매진하며 궁극의 도를 이루고자 노력했던 수행자였습니다.

원래 그는 어릴 때부터 출가수행을 원했지만 부모의 반대로 뜻을 이루지 못하고 관직에 나아가 벼슬을 살았다고 합니다. 그가 어떻게 출가를 했는지 재미있는 일화가 전합니다.

그는 어느 고을의 태수로 있었는데, 한 해에는 심한 가뭄이 들어 가을이 되었어도 수확할 것이 없고, 백성들이 굶어 죽는

---

* 欲識永明旨 욕식영명지   門前一池水 문전일지수
  日照光明生 일조광명생   風來波浪起 풍래파랑기

지경에까지 이르렀습니다. 그래서 그는 관의 창고를 열어 곡식
을 나누어 주어 허기를 면하게 하고 중앙에 그러한 사정을 보
고하였습니다. 그러자 백성들은 그를 칭송했고 그 칭송에 질투
를 느낀 다른 관료는 상소를 올려 그가 부정한 의도로 관의 창
고를 열었다고 주장했습니다. 예나 지금이나 좋은 일에는 항상
나쁜 일도 따르는 법입니다.

그 상소로 인해 그는 사형을 선고 받고 형장에 끌려갔습니
다. 그러나 그는 스스로 떳떳했기에 형장에서 칼을 받는 순간
까지 두려움에 떨거나 목숨을 구걸하지 않았습니다. 그러한
그의 모습을 본 집행관이 형행을 정지시키고 전후 사정을 다
시 파악한 뒤 상소를 올려 그의 무죄를 입증 받았습니다.

그런 일이 있은 후 그는 관직을 버리고 홀가분하게 출가를
했습니다. 그 목숨이 위태로웠던 사건이 출가의 인연을 만든
것이라고 보면, 그의 출가는 정녕 숙세의 인연이 아닌가 싶습
니다.

아무튼 그렇게 출가한 영명연수 선사는 천태산과 여러 지역
에서 초인적인 수행을 하며 해탈지견의 길을 열어 갔습니다.
늘 수천 명의 제자들이 따르고, 법회를 열면 수많은 대중이 운
집하여 법을 들었다는 이야기는 연명연수 선사의 도력을 알게
하는 대목입니다.

또한 그는 팔만대장경을 요약했다는 〈종경록〉 100권, 〈만선
동귀집〉 6권, 〈유심결〉 1권 등을 남겨 후학들에게 깨침의 사자

후를 들려주고 있습니다.

 '자화상' 혹은 영명게永明偈라는 제목으로 통용되는 영명연수 선사의 위 시는 아주 간단해 보입니다. 그러나 그 간단한 한 수의 시에 우주 만물의 이치가 다 들어 있습니다. 가벼운 말 한마디에 우주의 무게를 담는 솜씨야 말로 선시가 가지는 벼락 같은 기질입니다.

 시의 첫 구절에서 '영명의 뜻'이라고 했는데 이는 영명연수 선사 자신을 이야기 하는 것입니다. 그러면서도 그 이름의 뜻 인 '영원히 밝음' 즉 해탈의 대도를 말하기도 합니다. 이렇게 중의적인 표현으로 도의 경지를 드러내는 것 또한 선시의 무한 한 영역이라 할 수 있습니다.

 자기 자신으로서의 '영명의 뜻'이라면 우리가 흔히 생각하는 개체로서의 나 자신이 아닌 그 영역을 넘어선 자아를 말하는 것입니다.

 절대 존재로서의 자기 즉 이 지구상에 단 하나 밖에 없는 나 자신, 부처님이 탄생게에서 '천상천하 유아독존'이라고 했던 바 로 그 지극한 존재를 말하는 것입니다. 그것은 유한한 육신으 로서의 자신을 말하는 것이 아니라 절대적인 존재 불성의 존 재로서의 자신을 말하는 것임을 유의해야 합니다.

 그래서 앞의 두 구절에서는 '일체중생실유불성一切衆生悉有佛 性'의 차원에서 불성을 지닌 존재를 알고 싶거든 저 호수를 보아라 하는 것입니다. 그리고 뒤의 두 구절에서 존재의 실상을 설명하는데 그게 바로 '해가 뜨면 반짝이고 바람 불면 물결이네'라는 것입니다. 더 이상 설명이 필요 없다는 것입니다.

자연의 흐름을 따라 가는 것 이상의 더 설명할 것이 없다는 말입니다. 존재의 가치는 무슨 설명을 길게 한다고 해서 더 나아지는 것도 아니니까요. 그냥 있는 그대로의 모습에서 우리는 불성을 보고 진리를 보는 것이지 설명되고 포장된 것으로는 실상을 볼 수가 없는 것입니다.

영명연수 선사가 남긴 가르침의 정수는 '선정사료간禪淨四料簡'입니다. 후학들은 사료간을 거울처럼 들여다보며 수행의 길을 열었는데 그 내용은 이렇습니다.

참선수행도 하고 염불수행도 하면
마치 뿔 달린 호랑이 같아
현세에 사람들의 스승이 되고
장래에 부처나 조사가 될 것이다.

참선수행은 없더라도 염불수행만 있으면
만 사람이 닦아 만 사람이 모두 가나니
단지 가서 아미타불을 뵙기만 한다면
어찌 깨닫지 못할까 근심 걱정 하리오.

참선수행만 있고 염불수행이 없으면
열 사람 중 아홉은 길에서 자빠지나니
저승 경지가 눈앞에 나타나면
눈 깜짝할 사이 그만 휩쓸려 가버리리.


참선수행도 없고 염불수행도 없으면
쇠 침대 위에서 구리 기둥 껴안는 격이니
억 만 겁이 지나고 천만 생을 거치도록
믿고 의지할 사람 몸 하나 얻지 못하리.

# 누가 지옥에 들어가는가?

이 노인네 태어나면서부터 수선을 떨어

마치 미친놈처럼 일곱 걸음을 걸었네.

수많은 선남선녀 눈멀게 하고는

두 눈 뜨고 당당하게 지옥으로 들어가네.*

대혜종고 大慧宗杲, 1089~1163

중국 선종사에 있어 대혜종고 스님은 아주 큰 봉우리입니다. 중국 선불교의 야생마라고 불리는 마조도일 선사의 제자 80여 명 가운데 가장 뛰어난 제자라고 불리는 분이 대혜종고 선사입니다. 대혜종고 선사 이전까지 선수행의 다양한 기틀이 있었지만, 선사에 이르러 비로소 오늘날 간화선을 창안 보급하게 되었습니다. 그러니까 대혜종고 스님은 간화선의 원류입니다.

그가 당대의 수많은 지식인(사대부)들과 주고받은 편지글에는 불교의 대의와 선수행의 궁극에 대한 자세한 설명이 담겨 있습니다. 그 편지글을 모은 책이 〈서장〉인데 조계종의 강원에서

---

* 老漢纔生便著忙 노한재생편저망    周行七步似顚狂 주행칠보사전광
　賺他無限癡男女 잠타무한치남녀    開眼堂堂入鑊湯 개안당당입확탕

기본 교과서로 채택하고 있습니다.

선시의 특징 가운데서도 아주 독특한 것은 반어反語입니다. 어떤 의미를 있는 그대로 전달하는 것이 아니라 반대로 전달하는 것입니다. 그 이유는 전달하고자 하는 내용에 대한 임팩트를 강하게 하려는 의도입니다. 우리도 일상에서 어떤 사실을 강조하고자 할 때 반대로 말을 하는 경우가 있습니다. 키가 작은 사람을 지칭하면서 '키가 아주 크다'고 하면 듣는 사람은 '키가 아주 작은 사람'으로 듣는 것입니다. 그렇게 하는 반어법을 통에 얻는 것은 확실한 의미의 전달입니다.

위의 시에서는 철저하게 반어법을 사용하여 불교의 진리를 전달하려는 의도가 드러납니다. 충격요법인 것입니다. 시의 내용은 석가모니 부처님의 생애를 다루고 있는데, 부처님의 생애는 곧 불교 전체라고도 할 수 있습니다. 그러니까 이 시는 지독한 반어법을 통해 불교가 무엇이라는 것을 알려주고자 하는 의도로 창작된 것입니다. 물론 여기서 불교는 선불교의 입장에서 말하는 궁극의 깨달음이라고 이해하면 됩니다.

앞의 두 구는 부처님 탄생의 일화를 빗대어 말한 것입니다. '이 노인네'가 바로 석가모니 부처님입니다. 태어나면서부터 수선을 떨었다는 것은 부처님 탄생 설화의 내용 그대로입니다. 즉 마야 왕비가 룸비니 동산에서 왕자를 낳았는데, 그 아기는 태어나자마자 사방으로 일곱 걸음을 걸으며 '천상천하 유아독

존 일체개고 아당안지'라고 외쳤습니다.

이것을 불교에서는 부처님의 탄생게라고 하는데, 이는 부처님이 어떤 목적으로 세상에 출현하셨는가를 설명하기 위해 지어진 탄생설화입니다. 그러나 이를 단순히 지어진 설화라 믿지 않고 그 자체에 상당한 종교적 의미를 부여하여 온 것이 불교의 역사입니다.

부처님의 탄생게는 이 중생계에 부처가 출현할 것을 알리고 부처가 출현하여 어떤 일을 할 것인가를 알리는 하나의 신호탄입니다.

간단히 설명하자면, '천상천하 유아독존'은 인간의 지극한 존엄성, 일체 생명의 존귀함을 드러낸 말입니다. 모든 생명은 평등과 평화 그리고 행복의 존재라는 것을 선언한 것입니다. 그래서 '일체개고 아당안지'를 통해 그 모든 고통을 내가 마땅히 편안케 하리라고 한 겁니다. 중생의 모든 고통이 생기는 원인을 알고 그것을 끊어 내는 방법을 알아서 모든 중생들을 편안하게 하겠다는 것입니다.

그리고 사방으로 일곱 걸음을 걸은 것은 우주의 무한한 공간에 '아당안지'의 진리를 퍼뜨리겠다는 뜻이 담겨 있습니다. 우리가 사는 지구뿐 아니라 이 우주 전체를 향한 엄청난 선언을 통해 불교는 그 궁극의 목적을 밝히고 있는 겁니다.

그러한 부처님 탄생 설화를 대혜종고 선사는 불제자로서는 할 수 없는 아주 충격적인 언어로 부정합니다. 탄생게를 두고

'수선을 떨었다'고 하고 사방으로 일곱 걸음을 놓은 것을 두고 '미친놈처럼'이라고 표현했으니 선불교가 아니라면 그야말로 능지처참의 처형을 받을 만한 망언입니다. 그러나 선시는 궁극의 목적을 위해 이정도의 반어법은 일상적인 것으로 간주합니다. 오히려 더 강한 반어법으로 더 뚜렷한 메시지 전달이 가능하다면 그것을 선택하는 것이 선시의 세계입니다.

그렇게 앞 구절에서 부처님 탄생을 부질없는 미치광이 사건으로 만들어 놓고 뒤의 구절에서는 한 단계 더 나아가고 말았습니다. 수많은 선남선녀들을 눈멀게 만들었다고 한 것입니다. 이는 부처님 가르침, 불교의 방대한 교설에 대한 부정입니다. 부처님의 45년 설법이 다 중생을 눈멀게 하는 것이었다고 했으니 얼마나 큰 역설입니까?

부처님이 태어나는 상황도 평생의 설법도 다 무시하는 저 시적 표현을 구사할 수 있는 것은 보통의 안목으로는 어림도 없습니다. 대혜종고 스님의 안목에서 부처님의 가르침이 절대적으로 위대함을 표현하자니 이러한 역설의 장치를 사용하지 않을 수 없었던 것입니다.

우리가 주목해야 할 대목은 바로 마지막 구절입니다. '두 눈 뜨고 당당히 지옥으로 들어가네' 이 표현이야 말로 부처님의 출현과 열반 그리고 가르침에 대한 극찬입니다. 이런 극찬을 직접화법으로는 할 수가 없으니 이렇게 반어법을 동원할 수밖에 없는 것입니다.

전체적으로는 반어법과 역설법을 활용하여 궁극적으로 부처님을 극찬하는 이 선시 한 편은 선불교의 특징과 수행자의 활달 자재한 기품을 적나라하게 보여준다고 하겠습니다. 그러나 선불교를 잘못 이해하여 아무 때나 역설과 반어법을 구사하다가는 큰일이 납니다.

선어록에 등장하는 선사들의 기행奇行은 한 편으로는 멋있게 보이지만, 그 다른 편에는 매우 위험한 폭탄이 숨겨져 있습니다. 수행의 궁극을 맛보지 못한 채 옛 선사들을 흉내 내면 수억 겁을 두고 지옥으로 가게 됩니다.

선불교에 '부처를 만나면 부처를 죽이고, 조사를 만나면 조사를 죽여라[殺佛殺祖]'는 말이 있는데, 이것은 누구를 함부로 죽이라는 말이 아닙니다. 진정한 깨침을 위해 기존의 가치관에 대한 집착을 버리고 창의적인 발상으로 우주의 근원을 살피라는 의미를 그렇게 강한 역설로 말한 것입니다. 그것을 모르고 들리는 말 그대로 부처든 조사든 만나는 대로 죽이면 희대의 살인마가 될 뿐입니다. 이러한 구절이 가지는 본래의 뜻을 알지 못하고 함부로 행동하면 안 됩니다. ॐ

3부

# 한국 선사들의 선시

# 내 모습을 보고 미소 짓다

못가에 홀로 앉아
물 밑 한 사내와 서로 만났네.
둘이 보며 말없이 미소 짓는 건
그 마음과 이 마음 서로 비치는 때문.*

진각혜심 眞覺慧諶, 1178~1234

불교의 선종에서는 회광반조回光返照라는 말을 자주 씁니다. 이 말의 사전적 의미는 '빛을 돌이켜 거꾸로 비춘다'는 뜻인데, '해가 지기 직전 일시적으로 햇살이 강하게 비추어 하늘이 잠시 동안 밝아지는 자연 현상'을 두고 하는 말이기도 합니다. 또 '죽음 직전에 이른 사람이 잠시 동안 정신이 맑아지는 것을 비유하거나, 사물이 쇠멸하기 직전에 잠시 왕성한 기운을 되찾는 경우를 비유하는 말'이라고도 설명됩니다. 특히 선종에서는 자신의 내면세계를 돌이켜 반성하여 진실한 자신, 즉 불성佛性을 발견하는 것을 의미합니다.

---

* 池邊獨自坐 지변독자좌　池底偶逢僧 지저우봉승
　默默笑相視 묵묵소상시　知君語不應 지군어부응

위에 보인 시는 고려 말 불교 부흥을 이끌었던 보조지눌 선사의 제자로 수선사 제2대 선사인 진각혜심眞覺慧諶, 1178~1234 스님이 지은 '그림자[對影]'라는 작품입니다. 바로 회광반조의 의미를 담고 있습니다.

시의 전개는 아주 간단합니다. 시를 읽으면 저절로 하나의 그림이 떠오릅니다. 스님 한 분이 연못가에 앉아서 물속에 비친 자신의 그림자를 들여다보고 빙긋이 미소를 짓는 장면 말입니다. 아주 고요하고 청명한 그림입니다. 그러나 이 단순한 그림 한 장에 담긴 뜻은 무궁무진 그 자체입니다.

우선 못 가에 앉은 스님과 물 밑에 어린 스님은 같은 사람입니다. 물에 비친 자신의 그림자이니 다른 사람일 리가 없습니다. 거울 속에 비친 자신의 모습이 바로 자기 자신인 것과 다를 바 없습니다. 거울 밖의 나 혹은 물가의 나와 거울 속의 나 혹은 물속의 나는 다른 사람일 수가 없습니다.

그런데 우리의 삶은 그렇지 않습니다. 자신의 내면, 자신의 본래 의지와는 다르게 생각하고 다르게 행동하는 경우가 많습니다. 언행이 일치하지 않는 경우가 많다는 것입니다. 어떤 것이 옳고 도덕적이며 인간적인 것인지 잘 알면서도 막상 행동은 그렇지 않게 하는 경우들이 얼마나 많습니까?

공중도덕을 잘 지키는 사람과 그렇지 않은 사람이 있습니다. 그렇지만 그 두 사람은 똑같이 공중도덕은 잘 지키는 것이 옳다고 알고 있습니다. 알고 지키는 것과 알고도 지키지 않는 것의 차이가 있을 뿐입니다. 알고 지키는 사람은 거울 밖의 자신과 거울 속의 자신이 명확히 일치하게 살아가는 것이고, 알고도 지키지 않는 사람은 거울 밖과 안의 사람이 같지 않게 살아가는 것입니다. 그래서 이런 사람을 이중인격자 혹은 표리부동한 사람이라 말하는 것입니다.

아무튼, 우리는 자기 자신의 내면세계를 들여다보고 거기에 흐리고 부정한 것이 끼어들지 않도록 조심하며 살아야 합니다. 본래 간직한 자신의 불성을 드러내라는 것이고, 양심을 지키고 부도덕한 가치를 버리라는 것입니다.

안과 밖이 일치하는 사람, 말과 행동이 일치하는 사람, 소신과 신념이 분명하여 정의를 왜곡하지 않는 사람이 참사람이요 참다운 불자이며 한가한 도인이라는 것입니다. 진각혜심 선사의 '그림자'라는 시는 바로 그 한가한 도인의 경지를 한 장의 그림처럼 그려내고 있는 것입니다.

시의 전반 두 구절은 특별할 것이 없는 일상입니다. 못가에 앉는 것은 우리의 하루하루 일상사입니다. 스님이 산책을 하다가 연못가에 앉는다는 설정을 우리의 삶으로 옮기면, 아침에 일어나 집 밖으로 나가고 직장을 나가거나 학교로 가는 것과 같은 일상 그 자체입니다. 그리고 물밑의 한 사내[스님]를 만나는 것 역시 일상에서 조우하는 많은 일들입니다. 온갖 일이 다가오고 자신의 내면에 요동치는 갈등과 만나는 일상사로 확산

될 수 있습니다.

그러한 일상의 경계에서 드러나는 행위가 뒤의 두 구절인데, 절묘하게도 '둘이 보며 말없이 미소 짓는'다고 했고, '그 마음과 이 마음 서로 비치는 때문'이라고 했습니다. 안과 밖의 조화, 내면과 외향의 일치입니다. 생각과 행동이 다르지 않는 진리 속의 고요가 바로 서로 바라보며 짓는 미소일 것입니다.

이미 한가한 도인은 세상사를 초월했습니다. 그래서 욕망을 따르는 갈등이 없습니다. 설령 갈등의 상황이 생기더라도 곧바로 그 갈등을 원융과 대승의 정신으로 극복해 버릴 것입니다. 그래서 상대적인 가치의 충돌을 피하고 그저 빙긋이 웃을 수 있는 여유를 형성시키는 것입니다.

진각혜심 스님의 이 짧은 시 한 구절이 그려 주는 그림은 저 중국의 시선 이태백의 '산중문답'을 연상시키기도 합니다.

묻노니, 그대는 왜 청산에 사는가
웃을 뿐, 답은 않으며 마음이 한가롭네.
복숭아꽃 띄워 물은 아득히 흘러가니
별천지일세, 인간세상 아니네.*

**시끄럽고 복잡한 인간 세상을 벗어난 '별유천지비인간'을 동**

---

* 問余何事棲碧山 문여하사서벽산　　笑而不答心自閑 소이부답심자한
　桃花流水杳然去 도화유수묘연거　　別有天地非人間 별유천지비인간

바람이 부니
구름이 흩어지네

경하는 것과 스스로의 삶 속에서 자신의 내면을 더럽히지 않고 활발하게 불성대로의 삶을 살아가려는 노력은 분명하게 다릅니다. 우리는 산중에 살며 고요를 추구하는 것이 아니라 중생계에 살며 부처의 마음을 구하는 수행자이고 불자들입니다. 그래서 물 속의 자신을 만나 빙긋이 웃을 수 있을 때까지 닦고 또 닦아 가야 합니다. ⬰

# 산승이 힘을 얻는 때

송창에는 바람이 울고 눈은 산을 덮었는데
등불 외로 이 밤을 비추고 있네.
누더기 옷 더벅머리 만사를 쉬었나니
이것이 바로 산승의 힘 얻는 때라네.[*]

백운경한 白雲景閑, 1298~1374

"물질의 풍요와 마음의 풍요 가운데 어느 것이 더 중요할
까?"

이런 질문을 받는다면 대개의 사람들은 '마음의 풍요'가 더
중요하다고 말합니다. 당연합니다. 그러나 정작 우리들의 삶을
들여다보면, 마음의 풍요에 대한 가치보다는 물질의 풍요에 대
한 가치를 좇으며 살기에 급급합니다. 마음이 더 중요하다는
것을 알지만, 현실적으로 물질을 추구하는 것이 인간 욕망의
본질이기 때문입니다.

인식적 가치와 본질적 욕망, 그 사이에서 우리는 갈등과 번

---

[*] 風吼松窓雪滿山 풍후송창설만산    入夜靑燈照寂寥 입야청등조적요
    衲衣蒙頭休萬事 납의몽두휴만사    此時山僧得力時 차시산승득력시

민을 무한 반복하면서 살아가고 있습니다. 그렇게 흔들리는 삶에서 무게중심을 잡게 해 주는 것이 바로 종교의 힘이기도 합니다. 그럼에도 현대의 종교는 바른 가치관을 설파하고 바른 판단을 할 수 있는 진리의 힘을 부여해 주기보다는 또 다른 욕망과 또 다른 갈등을 야기시키는 경우가 많습니다.

가치중립의 지대를 허물어뜨리고 편협되고 배타적인 심성으로 세상의 갈등을 더욱 부채질하는 종교의 행태가 한두 가지가 아닙니다. 길거리를 떠돌며 특정 종교를 홍보하고 강요하며 "믿지 않으면 심판 받고 지옥간다"는 소리를 해대는 무리들을 보면 종교가 오히려 악을 불러온다는 생각까지 하게 됩니다. 우리는 종교마저 혼란스러운 그런 불행한 시대를 살아가고 있는 것입니다.

불교가 다른 종교와 다른 것은 바로 스스로 힘을 얻는다는 점입니다. 그것이 잘 사는 힘이든, 천국에 가는 힘이든, 부자가 되는 힘이든 스스로 얻어야 한다는 것이 불교의 가르침입니다. 싯타르타 태자가 스스로 출가하여 스스로 고행의 길을 걷고, 스스로 명상에 들어 자신의 지혜로 우주를 통찰하고 대자유의 경지를 얻었던 것처럼 말입니다.

싯타르타가 깨우친 우주적 진리의 핵심은 바로 '마음의 가치'입니다. 모든 것이 이 마음 작용에서 출발되고 이 마음으로 되돌아온다는 것입니다. 그것을 스스로 얻어야 하고, 얻은 다음에는 철저하게 그에 입각한 삶을 살아야 하고, 그러한 삶을 통해 무수한 중생들에게 희망을 주고 함께 행복하도록 하라는 것이 대승불교의 핵심입니다.

물질에 얽매이는 마음은 애착과 탐욕의 그늘을 벗어나지 못합니다. 애착과 탐욕의 찌꺼기가 남아 있는 한 만 생명을 향한 자비를 비출 수도 없습니다. 물질의 가치는 상대적이고 유한하지만 마음의 가치는 절대적이고 무한합니다. 여기서 우리는 불교의 깊은 맛을 느낄 수 있는 것입니다.


위에 보인 시는 고려 말의 백운경한白雲景閑, 1298~1374 스님이 지은 것입니다. 백운경한 스님은 저 유명한 〈직지심체요절〉을 지은 스님입니다. 그 〈직지심체요절〉을 금속활자로 인쇄하였는데, 그것이 바로 세계 최초의 금속활자입니다. 지금 프랑스 국립도서관에 '직지'라는 이름으로 남아 있는 금속활자본이 바로 백운경한 스님의 저작물입니다.

스님이 남긴 문집 〈백운화상어록〉 속에는 많은 법문과 선시가 들어 있습니다. 그 가운데 '산에 살며[居山]'라는 제목의 연작 시 가운데 열 번째 시가 위에 보인 시입니다. 제목이 말해 주듯 연작시의 내용은 산에서 고요하게 수행하는 스님의 일상 속에 비친 진리의 모습들이 그려져 있습니다.

시의 배경은 겨울입니다. 앞의 두 구절에 묘사되었듯이 송창에는 매서운 바람이 불어오고 흰 눈이 온 산을 덮은 겨울입니다. 그러한 겨울밤에 등불 하나만이 밤을 밝히는 고요 속에 있

바람이 부니
구름이 흩어지네

습니다. 자신의 모습을 보니 아무렇게나 자라난 더벅머리에 누더기 옷을 입었을 뿐입니다. 물론 여기서 더벅머리와 누더기 옷은 아주 맑은 가난 속의 수행자를 뜻합니다. 그렇게 무욕의 공간에 살면서 일체 세상일을 잊었다고 밝히고 있습니다.

산에 산다고 하여 모두가 '산승山僧'이 되는 것은 아닙니다. 진정한 산승은 산과 하나가 되어야 합니다. 산이 그러하듯 자연의 흐름에 순종하여야 하고, 자연이 그렇듯 천하의 흐름을 따라야 합니다. 욕망을 드러내어 자연을 거스르거나 욕심을 발현하여 순리를 역행하면 산과 하나가 될 수 없는 겁니다.

진정한 산승은 산과 하나가 되어 세속의 일들은 잘라버려야 합니다. 요즘은 산 중 깊은 암자까지 전기가 들어오고 승용차가 드나들고 스마트 폰으로 지구 반대편까지 통화가 되는 시대입니다. 그럴지라도 산에 사는 사람은 세속의 잡사를 떠나 산이 되어야 진정한 수행자가 되고 진실한 내면을 살필 수 있습니다. 백운경한 스님은 산에 살며 누더기 옷에 더벅머리로 세속의 일들을 끊었음을 보여주고 있습니다.

'만사를 쉬었나니' 이 대목이 참으로 가슴 깊은 곳에 여운을 남깁니다. 산에 살면서 만사를 쉬지 못해 TV를 보고 수시로 휴대폰으로 통화하고 뉴스를 듣고 화를 내기까지 한다면 그것은 세속에 사는 것과 다를 것이 없습니다. 만사를 쉴 수 있는 여유와 철저한 구도의지가 없이는 산에 살 수 없고 산과 하나가 될 수도 없습니다.

마지막 4구에서 산승의 살림살이가 고스란히 드러납니다. 추운 겨울 밤 그 고요 속에 들어 있는 더벅머리에 누더기 옷의 산승, 그는 온갖 세속 일을 다 쉬어버린 무욕과 초월의 경지에 있습니다. 그렇게 무욕과 초월의 경지에 있는 그 순간이 산승에게는 '힘 얻는 때'임을 역설하고 있습니다.

어떤 힘을 얻는다는 말일까요? 여기서 힘이라는 의미가 우주를 덮고 남을 크기로 다가옵니다. 그 힘은 부자 되는 힘도 아니고 천당이나 극락 가는 힘도 아닙니다. 오직 청정한 불성으로 회귀하여 부처의 경지로 들어가는 힘입니다. 말하자면 산과 하나 되는 힘이고 우주와 하나 되는 힘이며 제불보살과 하나 되는 그러한 힘이라 할 수 있습니다.

적어도 산에 살겠다 작심하고 산에 들어간 수행자는 바로 그 힘을 얻는 때를 만들어야 합니다. 그 때를 만나지 못하면 백 년을 살아도 몸만 산에 있을 뿐 마음은 지옥에서 떠돌고 있는 것입니다.

물질이 중요한가? 마음이 중요한가? 둘 다 버리면 답이 보일 것입니다. &

바람이 부니
구름이 흩어지네

# 본래부터 제자리에 있는데

가을바람 한 무더기 뜰 안을 쓸어가고
만 리에 구름 없이 푸른 하늘 드러났네.
상쾌한 기운 무르녹아 사람들 기뻐하고
눈빛은 맑아져 기러기 연달아 날아가네.
밝은 저 보배 달 가늠하기 어렵고
굽이치는 산맥은 끝없이 뻗어가네.
모든 것은 본래부터 제자리에 있는데
처마 가득 가을빛, 반은 붉고 반은 푸르네.[*]

나옹혜근 懶翁惠勤, 1320~1376

나옹혜근 스님은 고려 말을 대표하는 고승입니다. 스물한 살
때 친구가 죽은 것을 계기로 인생의 무상을 느껴 출가하여 스
님이 되었다고 합니다. 출가 후 여러 사찰에서 수행을 하고 중
국 대륙으로 건너가 연경燕京 법원사法源寺에서 인도 승려 지공

---

[*] 金風一陣掃庭中 금풍일진소정중　　萬里無雲露碧空 만리무운로벽공
　　爽氣微濃人自快 상기미농인자쾌　　眸光漸淡鴈連通 모광점담안연통
　　明明寶月分離盡 명명보월분리진　　歷歷珍山數莫窮 역력진산수막궁
　　法法本來安本位 법법본래안본위　　滿軒秋色半靑紅 만헌추색반청홍

指空에게 배우고 제자가 되었습니다.

지공 선사는 고려에도 잠시 다녀갔는데 그때 지금의 경기도 회암사에 머물렀습니다. 그런 인연으로 회암사는 지공 선사와 나옹 선사 그리고 나옹선사의 제자인 무학 대사가 머물며 법을 펴는 도량이 되었습니다. 고려 말 조선 초의 큰 법석이 이 도량에서 열렸고, 지공, 나옹, 무학 선사는 오늘날까지 3대 화상으로 추앙되고 있습니다.

나옹 스님이 지은 것으로 전해지는 '청산은 나를 보고 말없이 살라 하고, 창공은 나를 보고 티 없이 살라 하네. 사랑도 벗어놓고 미움도 벗어놓고, 물같이 바람같이 살다가 가라 하네.'로 시작되는 가사는 워낙 유명하여 사찰 곳곳에 액자로 걸려 있기도 합니다.

이 가사에도 잘 드러나 있듯이, 나옹 선사의 삶과 수행은 철저히 선적이었는데, 그것은 바로 걸림 없이 살아가는 깨달은 이의 풍모라 할 수 있습니다. 사실 출가 수행자의 삶은 처음도 끝도 무소유여야 합니다. 근래 법정 스님이 〈무소유〉라는 책을 통해 많은 독자들에게 감동을 주고 삶의 지침이 되기도 했지만, 무소유야말로 수행자나 재가자가 가슴에 새기고 살아야 할 중요한 덕목입니다.

무소유는 갖지 않는 것입니다. 많이 가지려면 그만큼 많은 노력을 해야 하고 많은 욕심을 내야 합니다. 물질의 세계에서는 어쩔 수 없습니다. 많이 갖는 것이 죄가 되는 것은 아니지만 많이 가지려고 하는 데서 탐욕이 끓어오르고, 많이 가지고 있다는 생각에서 자만과 교만심이 싹트는 것도 사실입니다. 그러므로 많이 갖기 보다는 제대로 잘 가지는 것이 중요하고, 제대로 잘 가지기 위해서는 욕심을 억제하며 청빈한 삶을 꾸리는 지혜가 필요합니다.

많이 가지되 그것을 나눌 줄 알고, 집착하지 않으면 그것 또한 무소유에 다가설 수 있다고 봅니다. 사람의 욕심은 물질이든 정신이든 많이 가지려는 쪽으로 향하기 때문에 항상 단속하지 않으면 안 됩니다. 욕심을 단속하는 것에서 무소유의 실천이 가능해진다고 할 수 있습니다.

진정한 무소유는 가진 것의 많고 적음에 있는 것이 아니라, 갖기 위해 드러내는 탐욕과 가진 것에 대한 집착을 극복하는 것입니다. 무소유가 좋다고 하여 돈벌이도 하지 않고 배우지도 않는다면 그것은 더 큰 죄악이 될 뿐입니다. 일부러 가난해지라는 것이 아니라 물욕을 억제하고 나누며 살아가는 지혜를 가져야 한다는 것입니다.

앞에 보인 나옹 선사의 시는 가을날의 정취를 노래하고 있습니다. 이 칠언율시의 시상은 가을 산사의 풍경을 가감 없이 보여주는 것으로 장엄되어 있습니다. 그러면서도 깊은 수행자의 통찰에서 우러나오는 절묘한 표현들이 화자의 의취(意取)를 풍부하게 보여줍니다. 그러한 가을의 풍경이 여섯 번째 구절까지 이어집니다.

그리고 이 시의 핵심이 끝의 두 구절에서 수미산 봉우리처럼 우뚝 솟아올랐습니다.

모든 것은 본래부터 제자리에 있는데
처마 가득 가을빛, 반은 붉고 반은 푸르네.

이것을 설명하기 위해 나옹 스님은 앞의 여섯 구절을 수고스럽게 나열하여 보여준 것입니다. 가을이 되어 맑은 바람이 뜰 안을 쓸어가고, 하늘은 구름 한 점 없이 푸르고, 우주의 기운이 상쾌하여 사람들이 좋아하고, 기러기가 하늘 끝으로 날아가고, 떠 오른 달은 한 없이 밝은데, 우렁찬 산맥은 그 이어짐이 끝이 없습니다. 그대로 한 폭의 그림을 펼친 듯한 가을 풍경, 그 풍경을 굳이 설명한 이유는 바로 '모든 것은 본래부터 제자리에 있다'는 것을 일깨우기 위함입니다.

세상에 가을이 오든 말든 모든 것은 본래 그 자리 그대로입니다. 가을이 와서 펼쳐지는 풍경들은 자연의 순리 그대로일 뿐입니다. 누가 나뭇잎에 물을 들이는 것도 아니고 기러기를 풀어주어 날아가게 한 것도 아닙니다. 그냥 있는 그대로 자연 그대로 계절이 바뀌고 변해갈 뿐입니다.

거기에 호들갑스럽게 반응하는 것은 사람의 마음일 뿐 풍경도 계절도 아닙니다. 그러니까 처마 가득 가을빛이 들어차 반은 푸르고 반을 붉은 그대로 보면 되는 것입니다.

그런 맥락에서 이 시를 이해할 때, 앞의 여섯 구절에 묘사된 가을 풍경은 '모든 것은 본래부터 제자리에 있음'을 깨우쳐 알고 보는 풍경과는 다른 경지라 할 수 있습니다. 깨닫기 이전의 가을 풍경과 깨달은 이후의 가을풍경은 같을 수가 없습니다. 풍경은 그대로 일지라도 자신의 마음은 이미 그 풍경을 벗어나 있기 때문입니다.

# 없는 가운데 길 있으니

넉넉하여 공적하니 본래 한 물건도 없으며

신령스러운 빛이 혁혁하여 온 세상에 뚜렷하여라.

다시는 몸과 마음이 생사를 받지 않아

오고 감에 아무런 거리낌이 없도다.

나아가려다 눈을 뜨니 온 세상이 뚜렷하여라

없는 가운데 길이 있으니 서방극락이로다.[*]

함허득통 涵虛得通, 1376-1433

이 시는 함허득통 선사의 임종게입니다. 함허 선사는 우리나라 불교사에서 아주 중요한 분입니다. 지공, 나옹, 무학 삼대화상의 맥을 이은 함허 선사는 고려 말에서 조선 초기를 살았고, 그 정치적 종교적 혼란 속에서 불교의 정맥을 지킨 분입니다.

고려 말기의 불교는 매우 타락했습니다. 시대의 혼란을 방조

---

[*] 湛然空寂 本無一物 담연공적 본무일물
神靈光赫 洞徹十方 신령광혁 통철시방
更無身心 受彼生死 갱무신심 수피생사
去來往復 也無罣碍 거래왕복 야무괘애
臨行擧目 十方碧落 임행거목 시방벽락
無中有路 西方極樂 무중유로 서방극락

할 수밖에 없을 정도로 세속화된 불교를 되살리기 위해 보조 지눌 국사의 수선결사가 탄생했고 그로부터 선교의 맥이 조금씩 살아나 삼대화상과 태고보우 함허득통 등으로 이어져 서산 대사와 사명대사로 이어지는 법맥이 형성된 것입니다.

함허 스님은 불교에 환멸을 느낀 조선 초기 유학자들이 퍼부어 대는 맹렬한 비난과 배격으로부터 불교를 지키기 위해 〈현정론顯正論〉을 짓기도 했습니다. 이 〈현정론〉은 조선 건국의 일등공신 정도전이 쓴 배불론의 서적 〈불씨잡변〉 등에 대한 반론이라 할 수 있습니다. 새 나라를 일으키고 왕조의 기틀을 잡아나가는 기세등등한 정도전에 맞서 불교를 옹호하는 글을 지었다는 것은 목숨을 건 일이었다고 할 수 있습니다.

함허 스님은 어려운 시기에 일생 동안 수행에만 진력하였고, 〈금강경오가해〉 등 불교사에 빛나는 저술도 남겼습니다. 여러 사찰에서 수행과 강설의 법석을 펴다가 1431년 지금의 문경 봉암사로 들어가 낡은 절을 수리하고 법을 펴려하였으나, 1433년 4월 1일에 조용히 앉아 위에 보인 임종게를 읊고 입적하였습니다. 스님의 사리는 세종대왕의 명으로 현등사, 정수사, 봉암사, 연봉사 등에 탑을 세워 모셨습니다.

오늘날 불교학자들은 함허 스님의 사상을 크게 다섯 가지로 나누어 설명합니다. 그 첫 번째는 '현실긍정적 반야관'입니다. 누구에게나 살아 있는 이 순간이 반야의 실재라는 것입니다. 절대 진리는 이 순간 존재하는 이곳에 드러나는 것이지 다른 곳에 있는 게 아니라는 겁니다.

다음으로는 '절대평등의 인간관'입니다. 함허 스님이 지은 〈금강오가해설의〉에는 "석가도 안횡비직眼橫鼻直이시고 범부사람도 역시 안횡비직이다"라고 했습니다. 이는 부처님도 눈은 옆으로 째지고 코는 밑으로 처졌고 사람도 저마다 눈은 옆으로 찢어지고 코는 밑으로 수직이라는 것입니다. 부처와 범부가 다르지 않음을 드러낸 강한 주장입니다. 부처님도 인간 평등을 가르쳤고, 그 궁극을 실천하신 분이라는 점을 생각한다면 함허 스님의 평등관은 불교의 인간과 그 자체입니다.

세 번째는 '무피차無彼此의 열반관'입니다. 흔히 열반을 죽음이라고 인식하고 그것은 피안에 이르러서나 가능한 것으로 오해하기 쉽습니다. 이를 두고 함허스님 "십류생十類生이 여시방불與十方佛로 일시에 성불도 하고 시방불이 여십류생으로 동일 열반이라" 하고 이상적인 불세계도 현실 그대로의 불세계라 주장했습니다. 즉, 시간과 공간을 초월해서 중생과 부처가 둘이 아닌 동일 열반이라고 가르친 것입니다.

네 번째로는 '무피차無彼此의 절대평등적 진리관'입니다. 진리는 따로 어디에만 존재하는 것이 아니라 지금 여기에 항상 평등하게 있고, 그 평등 가운데는 너와 나를 차별하는 어떠한 것도 없다는 것입니다.

다섯째는 '물아일치物我一致의 우주관'입니다. 이 또한 절대의 진리에 차별상이 있을 수 없으며 하나의 뿌리로 돌아가는 일

불승의 이치를 드러낸 것이라 할 수 있습니다.

　이러한 스님의 사상은 위에 보인 스님의 열반게에 고스란히 녹아 있습니다. 반야의 실상과 시공을 초월한 존재론 그리고 생사를 꿰뚫는 선지가 생사를 초월하는 도인의 '마지막 한 구절' 가르침으로 터져 나온 것입니다.

　〈함허당득통화상어록〉에는 육체를 벗어 버리는 순간의 홀가분함을 드러내 보인 함허 스님의 시 한 편이 있습니다.

> 팔십여 년 꿈속의 이 몸이여
> 오늘 아침 이 몸 벗으니 그 자취 없네.
> 부모에게 받은 이 몸 불에 맡기니
> 한 줄기 영(靈)의 빛은 눈이 부시네.

　이 시를 읽으면 자연스럽게 다비하는 순간을 연상하게 됩니다. 육신을 불에 태우고 나면 그 영혼은 어디로 갈 것인가? 여기에 생과 사의 근원적인 질문이 있습니다. 오늘날 아무리 의학이 발달했고 '웰다잉'을 외친다고 하지만, 결국 인간은 죽음의 공포를 벗어나기 쉽지 않습니다. 그 죽음의 실체를 명확하게 알지 못하는 한 죽음은 공포일 수밖에 없고 가장 큰 슬픔일 수밖에 없는 것입니다.

　죽음의 순간에 '없는 가운데 길이 있으니 서방극락이로다'라고 할 수 있는 것은 생사를 초월한 도인만의 경지에서 나오는

외침일 것입니다. 그런 도인이기에 육체에 갇혀 있다가 육체를
벗어나는 영혼이 눈이 부시게 빛나는 것임을 알 수 있을 겁니
다.

바람이 부니
구름이 흩어지네

# 등불 밝혀줄 스승이 없네

옛 소나무 칡넝쿨 서로 얽혀 있는 곳
길은 깊이깊이 골짜기로 들어가네.
불전에는 깜빡이는 불빛 있을 뿐
지난날의 선풍은 간 곳 없네.
드높은 누각은 구름 속에 갇혀있고
쓸쓸한 정원에는 풀만 키로 자라네.
풍광이야 천축국의 나란사 같지만
지혜의 등불 밝혀줄 스승이 없네.*

매월당 梅月堂1435~1493

비승비속非僧非俗이라는 말이 있습니다. '스님도 아니고 세속
인도 아니다'라는 뜻인데 이도저도 아닌 경우에도 쓰이는 말입
니다. 매월당 김시습의 생애는 그야말로 비승비속이었습니다.

매월당 김시습金時習은 어릴 때부터 남다른 총기로 주위 사

---

* 古松藤蔓暗相連 고송등만암상련    一經深深入洞天 일경심심입동천
  佛殿尙留三世火 불전상류삼세화    法門今絶五宗禪 법문금절오종선
  崢嶸樓閣雲爲鑠 쟁영누각운위쇄    牢落庭除草作氈 뇌락정제초작전
  勝境宛如那爛寺 승경완여나란사    恨無人導祖燈傳 한무인도조등전

람들을 놀라게 했는데, 다섯 살 때 세종대왕에게 불려가서 테스트를 받기도 했습니다. 그날 임금은 다섯 살 김시습에게 비단 50필을 하사하며 직접 가지고 가라고 했습니다. 다섯 살 아이가 들고 가기에 비단 50필은 너무 무거웠습니다. 그런데 김시습은 주저하지 않고 비단의 끝동들을 죄다 풀어 몸에 묶고서 잡아당기며 문 밖으로 나갔습니다. 그러자 비단 동이가 술술 풀어지면서 아이를 따라가는 것이었습니다. 임금과 신하들은 그 재치와 총기에 감탄을 했습니다. 이로부터 사람들은 김시습을 '오세동자'라는 별호로 부르게 됐습니다.

어린 시절 기이한 재주를 드러냈던 김시습은 나라를 위해 큰일을 하고자 열심히 공부했습니다. 그러나 그가 북한산 중흥사에서 과거 시험을 준비하던 중에 계유정란이 발생하여, 수양대군이 조카를 밀어내고 왕의 자리를 빼앗았습니다. 그 소식을 들은 김시습은 개탄에 개탄을 하며 공부하던 책들을 다 태워 버리고 천하를 방랑했습니다.

장래가 촉망되던 모범생에서 동가식서가숙 하는 천하의 떠돌이로 인생의 방향을 바꾸어 버린 김시습. 생육신의 한 사람으로서 온 몸으로 시대에 저항했던 그 파란의 일생 가운데 두어 차례 출가 승려가 되어 절집을 떠돌기도 했습니다. 출가한 김시습은 설잠이라는 법명을 쓰며 불교의 경전들을 읽고 번역하고 논평하여 상당한 업적을 남기기도 했습니다. 우리나라 최초의 소설로 평가 받는 〈금오신화〉를 쓰기도 했고 수많은 시와 논고를 쓰기도 했습니다.

김시습은 일생 동안 전국을 떠돌았기에 각 지역의 문화재나 이름난 풍경 등을 주제로 남긴 시가 제법 많습니다. 위에 보인 시도 양주 회암사에서 감회를 읊은 것입니다.

회암사는 나옹 선사 이래로 수행과 전법이 번창했던 큰절이었습니다. 그러나 조선으로 들어와 억불숭유의 정책에 따라 불교세가 약해지면서 회암사도 퇴락의 길로 접어들었습니다. 매월당이 회암사를 방문했을 때에도 이미 절은 퇴락해 있었는데 거기 매월당 자신의 마음마저 공허하고 쓸쓸하기 짝이 없으니 통한의 한 숨만 나올 수밖에 없었겠습니다.

시는 초반 첫 구절부터 긴 세월의 풍상을 묘사하고 있습니다. 옛 소나무와 칡넝쿨이 유서 깊은 사찰의 이미지를 노골적으로 드러내는 것이라면, 서로 얽혀 있다는 것은 누구 하나 돌보는 사람이 없어 그대로 방치되었다는 것을 뜻하는 것입니다. 거기에 현실의 부조리와 부도덕한 일들이 함께 시상에 얹어져 답답하고 우울한 시대상이 반영되고 있습니다.

그리고 다음 구절에서는 곧바로 절의 역사에 비해 지금 너무나 초라한 사세를 지적하며 '지난날의 선풍은 간 곳 없네'라고 탄식을 합니다. 그러한 아쉬움과 개탄의 시상은 후반으로도 그대로 이어져 겉모양은 남아 있어도 진정으로 소중한 '지혜의 등불'을 밝혀 줄 스승이 없음을 슬퍼하고 있습니다.

스승이 없는 시대. 한 시대의 발전은 전 시대의 지혜를 승계

하고 거기에 그 시대의 정신과 문명을 더하는 것입니다. 그렇게 업그레이드 되어 가는 것이 인류사의 발전입니다. 정신문화와 물질문명의 조화 있는 계승 발전이 인류가 이 지구에서 영장으로 살아남은 비결이기도 할 것입니다.

그렇다면 새로운 시대를 열어가는 기틀은 바로 전시대의 지혜인데, 그것을 전승해 주는 존재가 바로 스승입니다. 지식이든 지혜든 그것을 가르쳐서 전해주는 스승이 없다면 문명사는 단절되는 것입니다. 그래서 세대 간의 소통이 중요하고 소통을 통한 시대문화의 혁신이 중요한 것입니다.

김시습은 회암사에서 한 때 흥성하던 법회와 수행자들의 푸른 기상을 그려보면서 그 예지가 단절된 역사의 그늘을 아쉬워하고 있습니다. 우리나라 곳곳에는 폐사지가 많습니다. 한 때 부처님의 정법을 가르치고 전하고 수행하던 도량들이 시간의 발자국 아래 묻혀가고 있는 현장들이 이 땅에는 의외로 많습니다.

우리는 자칫 과거의 찬란한 불교역사를 자랑하느라 오늘의 자화상을 들여다보지 못하고 있는 것은 아닌지, 그로인해 급변하는 현대사회에서 서서히 도태되어가는 불교의 모습을 알아채지 못하는 건 아닌지 깊이 성찰해야 할 때입니다. 출가 승려의 수가 급격히 줄어들고, 정기법회에 동참하는 불자의 수가 현저히 줄어들고 있습니다. 불교의 가르침이 아무리 훌륭해도

바람이 부니
구름이 흩어지네

그것을 배우고 실천하는 사람이 없으면 아무짝에도 쓸모가 없습니다.

불교는 현재에 살아 있는 생생한 가르침입니다. 지금의 행복을 위해 이론과 학설을 세워 왔고, 선수행과 명상 수행도 지금의 안온과 행복을 위해 정진하라고 가르칩니다. 미래의 복락을 위해 수행하라는 가르침은 없습니다. 깨달음도 지금의 깨달음이고 무여열반도 지금의 열반입니다.

구복과 기복이라는 방편에 묶여서 말라비틀어진 불교가 되어서는 안 됩니다. 활발하게 살아 있는 불교, 과거와 현재가 공존하고 그 속에 미래가 살아 있는 그런 도량을 만들어 가야 합니다. 그 도량에 눈썹 푸른 스승이 있어야 하고 그 스승의 가르침에 만 중생이 귀의해야 하는 겁니다. ✍

# 여섯 개의 창문에
# 비치는 것은?

여섯 창문 텅 비어 드넓은 곳에
부처니 악마니 그림자도 없네.
만일 또다시 현묘한 이치 찾는다면
뜬구름이 햇빛을 가릴 것이네.*

벽송지엄 碧松智嚴, 1464~1534

    사람에게는 여섯 개의 창문이 있습니다. 창문은 드나드는 장치입니다. 안에서 밖으로 나가기도 하고 밖에서 안으로 들어오기도 하는 통로입니다. 사람에게 갖춰진 여섯 개의 창문이 무엇일까요?

    보는 창문, 듣는 창문, 냄새 맡는 창문, 맛보는 창문, 느껴지는 창문, 생각하는 창문 등입니다. 이를 한자로 쓰면 '眼耳鼻舌身意'입니다. 〈반야심경〉에도 나오는데 교리를 공부할 때 보통 이

---

\* 六窓虛豁豁 육창허활활    魔佛自亡羊 마불자망양
  若更尋玄妙 약갱심현묘    浮雲遮日光 부운차일광

여섯 개의 창문을 육근六根이라고 합니다. 인식의 여섯 개 뿌리라는 의미입니다.

눈으로 보아서 어떤 형상을 받아들이고, 귀로 들어서 소리를 받아들이고, 코로 맡아서 냄새를 받아들이며, 혀로 맛을 받아들이고, 몸으로 느낌을 받아들이고, 생각으로 의식을 받아들이는 작용이 우리의 삶을 지탱하는 가장 기본적인 요소가 됩니다. 이 가운데 하나라도 고장이 나면 매우 불편하고 편협 된 받아들임이 될 수밖에 없습니다.

그런데 이 여섯 개의 창문을 통해 드나드는 작용을 총괄하는 사령탑 혹은 관제시스템은 무엇일까요?

위에 보인 벽송지엄 선사의 오언절구가 바로 여섯 개의 창문과 그 관제센터의 진실한 모습을 읊고 있습니다. 벽송지엄 선사는 조선 중기의 대표적인 선승입니다. 원래 무과를 합격한 군인이었는데 23세에 계룡산으로 출가하여 금강산과 지리산 등을 두루 다니며 선수행에 몰두했습니다.

선사는 71세 되던 1534년 겨울 지리산 수국암에서 제자들을 불러 모아 〈법화경〉을 강론하면서 말했습니다.

"이제 내가 너희들에게 적멸상寂滅相을 보여 줄 터이니, 마음 밖에서 참 도道를 찾지 말라. 참 도는 따로 있는 것이 아니다."

말을 마치고 시자를 시켜 차茶를 따르게 하여 한 잔을 마시고는 결가부좌 한 채 열반에 들었습니다. 그렇게 금생의 인연을 마감하자 하늘에는 상서로운 오색구름이 가득하고, 선사의 몸에서는 오색의 빛이 나와 일주일 동안이나 발광하였다고 전해집니다. 그렇게 초탈의 모습으로 생사를 자재한 고승은 말그대로 적멸상 속의 대자유인이 된 것입니다.

시의 첫 구절에 나오는 여섯 창문은 육근입니다. 선사는 그 육근이라는 것이 '비어서 드넓은 곳에 악마니 부처님 그림자도 없네'라 했습니다. 성불의 자리, 불성의 본래 모습이 드러난 자리가 바로 여섯 개의 창문이 빈자리입니다.

창문이 비어 있지 않고 수많은 잔상들이 오고간다면 여전히 중생심의 복잡한 현상 속일 뿐입니다. 나가는 것도 들어오는 것도 없이 텅 비어 있는 상태라야 악마와 부처의 존재마저 사라져 버린 절대청정 절대고요의 자리가 되는 겁니다. 우리가 추구하는 세계는 바로 그 무욕과 무쟁의 세계이기에 악마도 부처도 존재할 수 없는 곳입니다.

불교에서 "한 생각을 쉬어라"라는 말을 자주 합니다. 생각을 쉬면 여섯 개의 창문이 닫힙니다. 문이 닫히면 들어가고 나오는 것들이 차단됩니다. 번뇌 망상의 길이 끊어져 버린 상태이니까 절대적인 고요가 찾아옵니다. 본래 불성의 참모습 말입니다.

그러나 한 생각을 쉬지 않으면, 여섯 개의 창문은 바빠집니다. 온갖 잡념이 들어가고 나오게 되면서 눈과 귀와 코와 입과 몸과 생각이 바쁘게 돌아가고, 그 사이사이 탐욕과 애증의 찌

바람이 부니
구름이 흩어지네

꺼기들이 쌓이고 쌓이게 됩니다. 결국 모든 감관들을 통해 악마와 부처가 싸우고 그 싸움의 악한 기운으로 몸을 망치게 됩니다.

한 생각을 쉬는 것, 여기서 모든 수행은 끝이 납니다. 생각을 쉬어 여섯 개의 창문을 닫아버리는 것, 그래서 육근과 육경이 고요한 자리를 유지하는 것, 그것이 수행의 궁극입니다.

그러므로 벽송지엄 선사는 "여기서 또다시 무엇을 찾지 말라"는 것입니다. 이미 여섯 개의 창문이 고요 속에 들었는데 또 헛된 생각을 일으켜 무엇을 찾겠다면, 그로부터 번뇌의 길은 다시 열리고 악마와 부처는 다시 치열하게 다투게 될 것이기 때문입니다. 그래서 마지막 구절에서 '뜬 구름 햇빛을 가릴 것'이라고 일침을 가한 것입니다. 여기서 맑은 시 한 편을 더 보겠습니다.

꽃웃음 뜰 앞에 비 뿌리듯 흩날리고
난간 밖에 소나무 바람이 우네.
그대여, 무엇을 찾아 헤매이는가
이게 바로 그대가 찾는 그것인 것을.*

---

* 花笑階前雨 화소계전우　松鳴檻外風 송명람외풍
　何須窮妙旨 하수궁묘지　這箇是圓通 적개시원통

벽송지엄 선사가 진일眞—이라는 선사를 위해 지은 시입니다. 여기서도 선사는 진리를 찾는다고 따로 헤매이지 말 것을 당부하고 있습니다. 이미 눈앞에 보이는 그대로가 진리의 세계로 활짝 열려 있는데 따로 찾아 헤맨다면 오히려 악마의 소굴로 끌려갈 뿐이라는 겁니다.

우리는 이 순간에도 여섯 개의 창문으로 통해 드나드는 온갖 번뇌와 망상으로 살고 있습니다. 그 순간순간에 악마와 부처가 싸우는 그림자가 보이십니까?

# 맑고 푸른 곳으로 올라가네

환인幻人이 환인의 마을로 들어와서
오십여 년 동안 미친 광대짓 했네.
인간의 영욕사榮辱事, 다 놀아 마친 뒤에
꼭두각시 중의 모습 벗고 맑고 푸른 곳으로 올라가네.*

허응당 보우 虛應堂 普雨, 1515~1565

조선 전기 탄압받던 불교에 한 줄기 희망의 기운이 싹텄습니다. 중종中宗의 계비이자 명종의 모후인 문정왕후의 존경을 받았던 허응당 보우 선사의 활약으로 불교계의 여러 제도들이 부활되는 등 중흥의 기회가 만들어졌던 것입니다. 보우 선사는 금강산에서 수행을 하다가 섭정으로 세력을 키운 문정왕후의 부름을 따라 서울 봉은사의 주지가 되었고, 봉은사를 선종의 본산으로 봉선사를 교종의 본산으로 삼았습니다.

폐지되었던 승과僧科를 부활하고 도첩제를 실시한 것도 이때였으니 탄압받던 조선 불교에 부흥의 시대라 할 수 있겠습니

---

* 幻人來入幻人鄉 환인래입환인향  五十餘年作戲狂 오십여년작희광
  弄盡人間榮辱事 농진인간영욕사  脫僧傀儡上蒼蒼 탈승괴뢰상창창

다. 그러나 시절인연은 순탄치 못해 유학자들의 엄청난 저항을 견뎌야 했습니다. 그런 차에 문정왕후가 죽자 곧바로 핍박이 극에 달해 보우 선사는 승직을 박탈당하고 제주도로 유배를 가야했습니다. 결국 제주목사에게 매를 맞아 죽는 것으로 금생의 인연을 마쳤습니다.

후세 사람들은 보우 선사의 죽음을 순교라 말합니다. 살아생전 높은 수행력을 바탕으로 불교 부흥의 기틀을 다지고자 했으나 그 뜻을 이루지 못하고 타살되었기 때문입니다. 물론 종교가 권력에 결탁하여 그 존립의 힘을 얻으려는 것은 동서고금을 막론하고 온당한 일이 아닙니다.

다만, 억불의 시대에 찬란한 불교문화와 드높은 가르침을 전하기 위해 목숨을 아끼지 않는 것은 불자의 사명이라 할 수 있습니다. 보우 선사는 그 사명을 위해 온 생을 불태운 것입니다. 그래서 그의 순교는 조선의 암흑기를 거쳐 오늘날에까지 면면히 이어져 오는 힘이라 할 수 있는 것입니다.


인생은 덧없는 것입니다. 한낱 환상에 불과한 것입니다. 실체가 없는 환상의 존재 같은 모습으로 한 번 웃고 나면 그뿐인 광대노릇을 하다가 가는 것이 인생입니다. 아무리 소중한 것도 죽음 앞에서는 버리고 가야하고, 아무리 사랑하는 사람이라 해도 죽음 앞에서는 이별해야 합니다. 인생은 허상이고 영욕의 세월도 허상에 불과합니다.

그렇지만, 인생은 소중하고 귀한 것입니다. 하루하루 최선을 다해 살아야 하고 매 순간 깨어 있어야 합니다. 무상(無常) 속에 흘러가는 것이 인생이라 해도 살아 있는 동안 깨어 있음으로 하여 그 무상의 실체를 본다면, 그로부터 솟구치는 에너지가 새로운 삶으로 현전될 것입니다.

〈법화경〉에는 '화성유품化城諭品'이 있습니다. 진리에 도달하기 위해 힘겹게 가는 사람들에게 가짜로 만들어진 성을 보여주고 '저기 편히 쉴 수 있는 성이 있으니 조금만 더 힘을 내자'고 하며 대중들의 힘을 북돋워 주는 내용입니다. 지혜로운 길잡이는 길을 가는 사람들이 목마르면 우물이 있는 곳으로 인도하고 피로하면 편히 쉴 곳으로 인도합니다.

'화성유품'의 길잡이도 그러한 지혜로 대중들을 편히 쉬게 하고 힘과 용기를 북돋워 주는 역할을 합니다.

어차피 무상한 인생이라지만, 그 무상의 실체를 알기도 전에 생을 포기할 수는 없습니다. 무상의 실체를 바르게 가르쳐주어 보다 활발하고 분명하고 가치 있는 삶을 살게 하는 것이 불교의 목적입니다. 그러므로 불교에서 무상하다, 부질없다, 허망하다 등등의 표현을 하는 것은 보다 깊은 삶의 의미를 깨우쳐야 한다는 것이지 무상에 빠져버리라는 것이 아닙니다.


조선의 불교도 위태로운 시절인연을 만나 질곡의 역사를 이루었지만, 그 속에 얼마나 많는 고승들이 활약했고 얼마나 많은 사상과 예술과 문화가 살아서 불교의 틀을 전승시켜 왔는지를 알아야 합니다.

그 역사의 한 곳에 우뚝 선 봉우리가 허응당 보우 스님입니다. 그로부터 서산대사가 배출되었고, 그로부터 조선의 선불교와 호국불교의 전통이 백두대간처럼 웅혼하게 우리의 역사를 이끌어 올 수 있었던 것입니다.

유배지에서 매를 맞아 목숨이 끊어지는 순간에 토해낸 저 임종게를 거듭 읽어 보시면 저절로 알게 됩니다. 진정한 대장부, 진정한 자유인, 깨달은 이의 세계가 어떤 것인가를 말입니다.

인간세상 모든 것이 부질없고 환영幻影 같다고 말하지만, 그 삶을 통째로 미친 광대짓이라고 당당하게 말할 수 있는 것은 그 환영 같은 인생의 실체를 아는 사람만의 통찰입니다. 어물어물 사는 사람은 부질없는 삶의 끝에서조차 부질없이 스러져 가고 마는 겁니다.

매 순간 삶에 충실하였고, 매 순간 깨어 있었던 사람만이 인간의 영욕사를 다 놓아 마친 뒤에 맑고 푸른 곳으로 갈 수 있다는 점을 알아야 합니다. 그것이 수행의 힘이고 깨어 있음의 에너지입니다.

간혹 수행은 하지 않고 선사들이 남긴 활달 자재한 언어에 매료되어 몇 구절 선시를 외우고 해석하는 것으로 자신이 선사라도 된 것처럼 으스대는 사람들이 있습니다. 그런 사람은 스님일 경우도 위험천만하고 재가자일 경우에도 그 죄가 수미산을 덮는다 할 것입니다.

선의 언어들은 날카로운 칼날과도 같습니다. 사람을 살리기도 하지만 단숨에 목숨을 앗아가기도 하는 것입니다. 그래서 선사들의 어록이나 게송 혹은 시를 접할 때는 항상 그 깊은 곳에서 올라오는 진리의 원음을 새겨야 합니다. 드러난 문자의 멋에 취해 피상적인 알음알이를 전부인양 착각하면 돌이킬 수 없는 오독과 오류에 빠지게 됩니다.

술을 마시지 않은 사람이 술에 대한 글을 읽고는 술에 취할 수 없을 뿐 아니라 취한 상태의 기분도 알지 못합니다. 그런데 글 몇 줄 읽고 술에 취하면 이러이러하다고 아는 체를 하는 것은 망신을 자초하는 것입니다.

죽음 앞에서 저토록 당당한 게송을 토해낼 수 있으려면, 그만큼 철저하고 혹독하게 자신의 삶을 꾸려가야 하는 것입니다.

# 꿈속에 사는 인생
# 삶 속에 꾸는 꿈

주인이 손님에게 꿈 꾼 이야기를 하니
손님도 주인에게 꿈 꾼 이야기를 하네.
지금 꿈 꾼 이야기 하는 두 나그네
이 또한 꿈속의 사람이로다.[*]

청허휴정 淸虛休靜, 1520~1604

　인생을 한 바탕 꿈에 비유합니다. 일체가 무상하니 삶 또한 무상이고 무상 한 삶의 과정을 돌아보면 그저 꿈만 같기 때문입니다. 그런 의미에서 위에 보인 서산 대사 청허휴정 선사의 시는 읽을수록 절창이고 음미할수록 긍정하게 됩니다.

　이 시를 모티브로 했는지는 모르겠지만, 남도 민요 '흥타령'에도 인생을 온통 꿈으로 풀이하는 가사가 있습니다.

---

[*] 主人夢說客 주인몽설객　　客夢說主人 객몽설주인
今說二夢客 금설이몽객　　亦是夢中人 역시몽중인

꿈이로다 꿈이로다, 모두가 다 꿈이로다.

너도나도 꿈속이요, 이것저것이 꿈이로다.

꿈 깨이니 또 꿈이요, 깨인 꿈도 꿈이로다.

꿈에 나서 꿈에 살고, 꿈에 죽어 가는 인생

부질없다 깨려는 꿈, 꿈을 꾸어 무엇 하리.


그런가 하면 우리 고전 가운데 명저 중의 명저로 일컫는 〈삼국유사〉에도 인생의 덧없음을 이야기 하는 이야기가 나옵니다. '조신의 꿈調信夢'이라는 내용입니다. 좀 길지만 인용하면 이렇습니다.


옛날, 신라 시대에 세규사란 절이 있어 그 절의 장원莊園이 명주溟洲 날리군捺李郡에 있었다.

본사本寺에서는 중 조신調信을 그 절의 관리인으로 파견했다. 조신은 날리군의 그 장원에 와 있으면서 태수 김흔金昕의 딸을 좋아하여 깊이 매혹되어 버렸다. 그는 누차 낙산사의 관음보살 앞에 나아가 그녀와의 결혼을 남몰래 빌었다. 이러기를 수 년간, 그 사이 김흔의 딸은 이미 시집을 가 버리고 말았다.

조신은 관음보살 앞으로 갔다. 관음보살이 자기의 비원悲願을 성취시켜 주지 않음을 원망하여 그는 슬피 울었다. 날이 저물 무렵 그의 사념은 지칠대로 지쳐 있었다. 그는 깜빡 풋잠이 들어 꿈을 꾸었다.

그 김씨 처녀가 반가운 얼굴로 문을 들어섰다. 함빡 웃으면서 그녀는 조신에게 말했다.

"저는 대사님의 모습을 어렴풋이 알고부터는 마음 속 깊이 사모해 왔었지요. 잠시도 대사님을 잊은 적이 없었어요. 부모님 명에 따라 마지못해 시집을 갔지만, 죽어서도 대사님과 한 무덤에 묻힐 반려가 되고 싶어 지금 이렇게 왔어요."

조신은 기뻐 어쩔 줄을 몰라 하고, 그녀와 함께 고향으로 돌아갔다.

그들은 사십여 년의 세월을 살았다. 그런데 자식만이 다섯이나 생겼을 뿐 집안은 휑뎅그렁하여 남은 것이라곤 없었다. 나물죽마저도 넉넉하지 못했다. 드디어 실의에 찬 몰골들로 잡고 끌고 하여 먹고 살기 위해 사방을 헤매 다녔다. 이렇게 십 년간 초야를 두루 유랑했다. 너덜너덜 해어진 옷은 몸을 가리지 못했다. 명주 해현 고개를 지나다가 열다섯 살 난 큰 아이가 굶어 죽었다. 통곡을 하며 시체를 거두어 길에다 묻었다.

남은 네 자녀들을 데리고 우곡현羽曲縣으로 왔다. 길 곁에다 띠 풀로 집을 얽어 살았다. 부부는 이미 늙고 병들었다. 거기에다 굶주림에 지쳐 일어나 다니지를 못했다. 열 살 난 딸아이가 돌아다니며 걸식을 했다. 그러나 그 딸아이마저 마을의 개에게 물려 아파서 울부짖으며 앞에 누워 있었다. 부부는 탄식을 하며 두 줄기 눈물을 하염없이 흘렸다. 아내가 눈물을 훔치고 나더니 돌연 얘기를 꺼내는 것이었다.

"내가 당신과 처음 만났을 땐 얼굴도 아름다웠고 나이도 젊었습니다. 그리고 의복도 깨끗하고 고운 것이었습니다. 한 가지라도 맛좋은 음식이 있으면 당신과 나누어 먹었고, 두어 자 옷감이 생겨도 당신과 함께 지어 입었습니다. 이러구러 살아 온지 오십 년, 정은 더할 수 없이 쌓였고 사랑은 얽히고 얽혀 정말 두터운 연분이라 할만했습니다. 그러나 근년 이래 노쇠와 병고는 날로 더욱 깊어 가고, 춥고 배고픔은 날로 더욱 핍박하게 되었습니다. 남의 집 문전에서의 그 수치는 무겁기가 산더미 같았습니다. 아이들이 추위에 떨고 굶주림에 지쳐 있어도 그걸 면하게 해 주지 못하고 있습니다. 판국이 이러한데 어느 겨를에 부부간의 애정을 즐기겠습니까? 젊은 얼굴, 예쁜 웃음은 풀잎 위의 이슬 같고, 굳고도 향기롭던 그 가약도 한갓 바람에 날리는 버들가지 같을 뿐입니다. 당신에게 내가 짐이 되고, 나는 당신 때문에 괴로워하고 있습니다. 곰곰이 지난날의 즐거움을 생각해 보면 그것이 바로 번뇌로 오르는 계단이었습니다. 당신이나 나나 어찌하여 이 지경에 이르렀는지요? 뭇새가 모여 있다 함께 굶어 죽기보다는 차라리 짝 없는 난새가 거울을 향하여 짝을 부르는 것이 낫지 않겠습니까? 순경順境일 때는 친하고 역경일 때는 버리는 것이 인정상 차마 못할 짓이긴 합니다만, 그러나 가고 머무는 것이 사람의 뜻대로만 되는 것이 아니요, 헤어지고 만남에는 운명이 있습니다. 바라건대 여기서 서로 헤어지도록 하십시다."

조신은 아내의 제의를 듣고 무척 반가워했다. 네 아이들을 각각 둘씩 나누어 갈라서려 할 때 아내가 말했다.

"나는 고향으로 갈 테니 당신은 남쪽으로 가십시오."

서로 잡았던 손을 막 놓고 돌아서서 길을 나서려 할 때, 조신은 꿈에서 깨어났다.

희미한 등불은 으스름한 불 그림자를 너울거리고, 밤은 이윽히 깊어 가고 있는 참이었다. 이튿날 아침에 보니 머리털이 하얗게 새어 있었다. 조신은 멍청히 넋이 나간 듯, 인간 세상에서의 뜻이라곤 전혀 없었다. 이미 인간의 그 고된 생애에 대해 염증이 느껴짐이 마치 실제로 백 년의 고생을 모조리 겪기라도 한 듯했다.

탐욕의 마음은 얼음이 녹아 버리듯 말끔히 가시었다. 조신은 관음보살의 성스러운 모습을 물끄러미 우러르며 참회를 금하지 못했다. 해현으로 가서 꿈속에서 굶어 죽은 큰아이를 묻었던 자리를 파 보았더니 돌미륵이 나왔다. 깨끗이 씻어서 그 부근의 절에다 봉안하고, 조신은 서울로 돌아가 절 관리의 임무를 벗었다. 그리고 사재私財를 들여서 정토사淨土寺를 세우고 부지런히 선행을 쌓더니, 나중에는 그 종적을 알 수 없었다.

일연 스님에 의해 채록되어 〈삼국유사〉에 기술된 이 이야기는 신라 사람들의 인생관이기도 할 것입니다.

이미 천 년도 더 이전부터 사람들은 인생을 한 바탕 꿈이라

바람이 부니
구름이 흩어지네

고 생각한 것입니다. 어쩌면 인류가 문명생활을 시작한 이래 삶은 한바탕 꿈과 다르지 않다는 생각을 했을지도 모릅니다. 꿈에 대한 정신분석학자들의 집요한 연구 또한 인생과 꿈이라는 두 명제가 무관하지 않다는 신념 때문일 것입니다.

'조신의 꿈'은 조선의 김만중이 〈구운몽〉으로 재해석하였고 근대 한국 소설의 선구자 춘원 이광수도 〈꿈〉이라는 소설로 재구성했습니다. 그리고 춘원의 소설을 영화감독 신상옥은 두 번이나 영화로 만들었습니다.

우리는 지금도 꿈 속에 살고 있는지 모릅니다. 그러나 이 삶이 그대로 꿈이라면 그 꿈의 실체가 무엇인지를 알아야 합니다. 삶의 근원을 알고 꿈의 실체를 아는 것이 중생고를 벗어나 절대자유의 참 불성을 밝히는 길이기 때문입니다.

서산 대사의 '삼몽사'는 인생이 꿈인 줄 알라는 것이 아니라, 꿈같은 인생에서 깨어나 활연한 진리의 세계를 보라는 가르침이기 때문입니다.

그렇다면 서산 대사는 꿈을 깨었을까요?

머리는 세어도 마음은 안 센다고
옛사람 일찍이 일렀구나.
이제 닭 울음소리 듣고

장부의 큰일 마쳤네.*

　서산 대사의 오도송입니다. 그는 닭 울음소리를 듣고 꿈을 깼습니다. 득도에 대한 간절한 마음이 사무치고 사무치어 일념으로 몰입되다가, 문득 닭 울음소리를 듣고 꿈을 깨게 된 것입니다. 닭이 울면 아침이 밝아오듯 꿈을 깨면 새 삶이 다가옵니다. 장부의 큰일을 마쳤다는 말이 곧 꿈을 깼다는 말입니다. 꿈을 깼으니 그의 삶은 미몽에 사로잡힌 것이 아니라 진리에 입각한 불성의 드러남 그 자체였던 것입니다.

　서산 대사가 꿈을 깨지 않았다면 조선 중기 이후 걸출한 스님들도 나오지 못했을 것입니다.

---

\* 髮白非心白 발백비심백　　古人曾漏洩 고인증누설
　今聽一聲鷄 금청일성계　　丈夫能事畢 장부능사필

바람이 부니
구름이 흩어지네

4부

거사·선비들의 시

# 마음이 공하면 급제하리라

시방의 무리가 한 자리에 모여서
제각기 무위의 법을 배운다.
여기가 부처를 고르는 곳이니
마음이 공空하면 급제하여 돌아가리.*

방온 龐蘊, ?~808

방온은 불자들이 잘 아는 방거사龐居士의 본명입니다. 방거사는 중국 거사불교의 큰 봉우리입니다. 거사는 출가하지 않고 속세에서 불교를 깊이 수행하며 사는 사람을 이르는 말입니다. 요즘도 우리 불교계에서는 남성 불자를 거사라 부르고 여성 불자를 보살이라 부릅니다.

인도의 유마거사, 중국의 방거사 그리고 한국의 부설거사가 각 나라의 거사불교를 대표하는 분들입니다. 모두 출가 수행자에 못지않은 수행력으로 커다란 가르침과 감동을 주는 삶을 살았던 분들입니다.

---

\* 十方同一會 시방동일회  各各學無爲 각각학무위
此是選佛處 차시선불처  心空及第歸 심공급제귀

방거사의 호는 도현道玄이고, 호남성湖南省 형양衡陽 사람입니다. 그의 가문은 대대로 유학儒學을 숭상했지만, 방거사는 세속적 삶을 싫어하여 호북성湖北省 양양襄陽으로 이사한 후 대바구니를 팔아 생계를 유지했다고 합니다. 출가한 후 석두희천石頭希遷선사를 뵙고 선지를 얻은 다음, 마조도일에게 2년 동안 사사한 후 법을 이었습니다. 그러나 그는 정식으로 출가하여 수계를 받은 수행자가 아니라 거사의 신분을 유지하며 스님들께 공부하고 수행을 했던 것입니다. 그는 300여 편의 시를 남겼고 그 일부가 〈방거사어록龐居士語錄〉에 수록되어 전합니다.

　방거사는 당대의 큰스님들 문하에서 공부를 하여 인가를 받고 깨침의 높은 경지가 드러나는 시들을 남겼으니, 그와 관련된 전설도 많이 만들어져 민간을 통해 전해지고 있습니다. 그는 상당한 부자였는데 전 재산을 강물에 던져 버리고 출가를 했다는 설도 있습니다만 아마 만들어진 이야기일 것입니다. 정녕 많은 재산이 있었다면 출가할 때 불우한 이웃들에게 나누어 줄 것이지 어떻게 강물에 던질 수 있겠습니까? 이야기를 극적으로 꾸미기 위한 중국 사람들의 말솜씨일 거라 생각됩니다.

　하지만 방거사의 수행과 삶에 대한 이야기가 〈방거사어록〉이나 〈조당집〉 등의 서적으로 전한다는 것은 그의 삶과 수행이 고승의 반열에 뒤지지 않는다는 것을 뜻합니다. 이는 곧 깨달음에는 출가와 재가의 구별이 없다는 상당히 중요한 상징이

바람이 부니
구름이 흩어지네

기도 합니다.

여기 보인 시는 방거사의 오도송입니다. 방거사는 석두희천 스님의 문하에서 공부한 뒤 마조도일馬祖道一 선사에게 가서 공부를 했는데, 하루는 방거사가 마조에게 가서 다음과 같이 물었습니다.

"만법萬法과 짝이 되지 않는 사람은 누구입니까?"

마조가 대답했습니다.

"거사가 한 입에 서강西江의 물을 다 마셔버린 뒤에 말해주리라."

방거사는 이 말에 활짝 깨닫고 곧 창고로 가서 벼루와 붓을 가져다가 바로 이 게송을 지었습니다. 그러므로 이 시가 방거사의 오도송이라고 하는 겁니다. 이 이야기는 중국 역대 선사들의 이야기를 결집한 〈조당집〉에 나옵니다.

이 시에 나오는 '부처를 뽑는 곳選佛處'이라는 구절에서 오늘날 참선하는 선방을 '선불장選佛場'이라 하는 유래가 되기도 했습니다. 방거사에 대한 일화는 상당히 많은데 그의 가족들도 하나같이 통이 큰 수행자들이었다고 합니다. 방거사가 열반에 들자 장례를 끝내고 나서야 부인이 밭으로 달려가 아들에게 "네 아버지가 돌아가셨다"고 말했다고 합니다. 그러자 아들은 "매미도 허물을 벗습니다"라며 웃었다고 전합니다.

생사를 초월하고 세간과 출세간을 초월한 삶을 보였던 방거사의 삶을 통해 우리는 부처의 자리에는 동서남북도 없고 귀천

과 빈부도 없음을 절감합니다. 오직 마음 하나 밝히면 부처를
이룬다는 진리 앞에 달리 토를 달 필요가 없습니다.

바람이 부니
구름이 흩어지네

# 생로병사의 고통 제거하려면

홀로 앉아 희끗희끗한 양 귀밑털을 슬퍼하노라니

텅 빈 마루에 어느덧 야밤 이경이 되어 오네.

산중엔 비 내리는 가운데 산과실 떨어지고

등잔 밑에선 가을 풀벌레 구슬피우네.

백발은 끝내 다시 검게 변하기 어렵고

단사丹砂로 황금을 만들어 낼 수 없네.

생로병사 고통을 제거하는 이치를 터득코자 한다면

오직 불생불멸의 불도를 배우는 길뿐이네.<sup>*</sup>

왕유 王維, 699~759

나이가 들면 하늘과 점점 가까워지는 것이라는 말이 있습니다. 나는 이 말이 참으로 실감이 납니다. 이 말에는 두 가지 뜻이 담겨 있습니다. 하나는 나이가 든다는 것은 오랜 삶의 경험을 통해 세상의 이치를 잘 알게 되어 하늘의 뜻을 가늠할 줄

---

* 獨坐悲雙鬢 독좌비쌍빈　空堂欲二更 공당욕이경
　雨中山果落 우중산과락　燈下草蟲鳴 등하초충명
　白髮終難變 백발종난변　黃金不可成 황금불가성
　欲知除老病 욕지제로병　惟有學無生 유유학무생

안다는 뜻이 있습니다. 60세를 이순耳順이라 하고 70세를 고종명考終命이라 하듯, 어느 정도 나이가 되면 세상의 흐름을 파악하고 하늘의 뜻을 짐작하는 지혜가 생기는 것입니다.

다음으로는 죽음을 맞이하는 어쩔 수 없는 인과의 흐름에 속하게 된다는 것입니다. 늙으면 어느 순간 자연스럽게 죽음을 맞이하게 되는 것이고 그 인과의 흐름은 누구도 거역할 수 없습니다. 그것을 순조롭게 받아들이고 땅에서의 삶을 마감하여 하늘로 올라가는 이치를 궁구하는 것이 노년의 지혜라고 하겠습니다.

중국 역사상 사상과 문물이 가장 흥성했던 당나라의 시인 왕유는 모친의 영향을 받아 불교를 독실하게 신봉했습니다. 그는 〈유마경〉의 주인공인 인도의 거사 유마힐維摩詰을 닮고자 하여 자를 마힐摩詰이라 할 정도였습니다. 항상 검소한 차림으로 지냈고 아내가 일찍 죽었지만 30년 동안 재혼을 하지 않고 독신으로 지냈습니다. 그의 시는 대체로 탈속적이면서 인간애를 품은 것으로 평가되는데 많은 작품에 '공空'사상이 내포되어 있습니다.

여기 보인 그의 시는 제목이 '비 내리는 가을밤 홀로 선정에 들다秋夜獨坐'이니 마치 선사가 지은 듯한 느낌이 듭니다. 비가 내리는 가을밤의 이미지에는 늙음과 적막함 등 삶의 비애가 묻어 있습니다. 그런 밤에 홀로 앉아 있으니 더욱 비감悲感할 수밖에 없습니다.

시의 내용은 이미 늙어버린 자신의 형상을 비 내리는 가을 밤의 쓸쓸한 풍경과 절묘하게 대비시키고 있습니다. 떨어지는 열매와 구슬픈 풀벌레 소리도 우수에 차는 마음을 금할 길 없게 하는데, 성성한 백발을 쓸어 올리는 그 손길은 얼마나 쓸쓸 할까 짐작을 하게 됩니다. 그리고 붉은 모래로는 황금을 만들 수 없듯이 이미 세어버린 머리카락은 다시 검어질 수 없음을 받아들이는 고즈넉한 수용의 자세는 삶에 대한 달관의 깨침을 일러 주는 듯합니다.

그런 가운데 우리는 큰 시인 왕유에게 한 수를 배우게 됩니다. 마지막 두 구절이 그가 세상 사람들을 향해 혹은 자신의 내면을 향해 들려주고 싶은 진리입니다. 나고 죽음도 없는 도리를 깨우쳐 생사를 초월하는 진리의 세계로 들어가는 것만이 생사고락의 굴레를 영원히 벗어나는 길이라는 것을 말입니다. &

# 시냇물 소리
# 부처님 설법일세

시냇물 소리가 그대로 부처님의 장광설이요
산 빛이 어찌 그대로 청정법신이 아니겠느냐.
밤새 들은 팔만사천 법문의 그 소식을
뒷날 어떻게 사람들에게 보여줄 수 있을까.[*]

소동파 蘇東坡, 1036~1101

    불교 주요행사에서는 경우에 따라 발원문을 낭독합니다. 불
제자로서 부처님 법을 받들어 불자다운 삶을 살 것을 발원하
고, 그 발원을 실천해 나아가는데 부처님과 여러 보살님 그리
고 제대성중의 가피가 있으시길 바라는 것이 발원문입니다. 그
발원문에서 부처님을 찬탄하는 문구 가운데 '시방세계에 두루
하사 아니 계신 곳 없으신 부처님이시여'라는 구절을 자주 사
용합니다. 부처님은 이 우주 만물 가운데 어디에도 존재하는

---

[*] 溪聲便是長廣舌 계성변시장광설　　山色豈非淸淨身 산색기비청정신
夜來八萬四千偈 야래팔만사천게　　他日如何擧似人 타일여하거사인

분이라는 뜻으로, 일체중생이 모두 불성을 갖추고 있다는 부처님의 가르침에 따라 우주만물에 부처님이 존재함을 찬탄하는 구절입니다.

〈화엄경〉에서는 '두두물물頭頭物物이 진법신眞法身'이라는 표현으로 일체만상이 불성의 존재임을 자각시키고 있습니다. 부자라고 불성이 더 큰 것도 아니고 거지라고 불성이 빈약하지도 않습니다. 일체중생 일체생명이 똑같이 불성을 지니고 있는데, 그것을 자각하지 못하고 중생심에 이끌려 탐착하고 갈등하고 투쟁하며 살아가기 때문에 오탁악세는 그침이 없는 것입니다.

우리의 마음이 열리어 진리에 주파수를 맞추게 되면 모든 것이 불성의 진면목을 갖추고 있음을 알게 됩니다. 자신의 마음이 아름답지 않으면 꽃도 아름답게 보이지 않는 법입니다. 스스로의 마음이 열리고 일체를 아름답게 받아들일 자세가 되어 있을 때 비로소 '사람이 꽃보다 아름다운' 줄을 알게 되는 겁니다.

위에 보인 시는 소동파의 오도송입니다. 흔히 '계성산색'이라는 제목으로 유통되고 있으며 소동파의 불교관을 극명하게 보여주는 시이기도 합니다. 소동파는 아버지 소순蘇洵, 동생 소철蘇轍과 함께 '3소'三蘇라고 일컬어지며, 이들은 모두 당송 8대가로 칭송 받는 중국 사상과 문화예술사의 큰 인물입니다. 본명은 소식蘇軾인데 동파는 그의 호이고 '동파거사'라고도 불렸으니, 그의 불심어린 삶을 짐작할 수 있습니다.

중국 불교사에서는 많은 지식인들이 스님들과 교류하며 시를 짓기도 하고 법담을 나누기도 합니다. 유학을 근본으로 하는 선비들이 불도를 닦는 스님들과 교유할 수 있었던 것은 불교가 배타적이지 않았기 때문입니다. 특히 당나라 이후 흥성한 철학과 사상 그리고 문화예술에 대한 조류가 매우 활달하여 이 시기에 주옥같은 예술작품이 많이 나오고 철학과 사상, 문예에 걸작들이 이어져 나옵니다. 소동파 역시 그 시대를 주름잡던 큰 지식인으로 선별되는 당송팔대가의 반열에 들었던 것입니다.

　소동파가 처음부터 불교를 숭앙했던 것은 아닙니다. 그는 불교를 다소 얕보는 경향도 있었습니다. 일찍이 벼슬길에 나아가 관직이 점점 높아지면서 대문장가로서의 명성도 드날렸던 그였기에 불도를 닦는 스님들을 그다지 높게 여기지 않았던 것입니다. 하지만 그러한 생각은 옥천사 승호承浩 선사를 만난 뒤 완전히 달라졌습니다.

　소동파가 찾아오자 승호 선사는 "당신의 이름은 무엇입니까?"하고 묻습니다. 그러자 소동파는 "나는 칭秤가요." 하고 대답합니다. "그렇다면 당신은 제방의 선사들의 법력法力을 저울질하고 다닌단 말이오?" 하고 승호 선사가 묻자 소동파는 다소 거만한 목소리로 "그렇소"하고 답합니다. 순간 "악!" 하고 승호 선사가 소리를 치는 바람이 소동파는 깜짝 놀랐습니다. 그 순간을 놓치지 않고 승호 선사가 물었습니다. "이 소리는 몇 근이나 되오?" 그러자 소동파는 그만 입이 콱 막히고 말았습니다. 자신의 거만한 마음에 큰 충격이 가해졌기 때문입니다. 제대로 한 방 먹은 소동파는 아무 대답도 못하고 선불교의 매력에 빠져버렸습니다.

선불교의 지향은 '말이 없는 곳에서 말이 없는 곳으로 이르는 진리'를 구하는 것인데 소동파는 권세와 문장과 말씨로 세상을 살았던 것을 뉘우칠 수 있었던 것입니다.

그 후 소동파는 또 한 선승을 찾아갔는데, 노산 홍룡사의 상총常聰 선사였습니다. 이전의 거만함이 사라진 소동파는 다소 예의를 갖추고 상총 선사에게 법을 청했습니다. 그런데 상총 선사는 "그대는 어째서 유정有情의 설법만 들으려 하고 무정無情의 설법은 귀담아 들으려 하지 않는 거요?" 하고 말했습니다. 그 순간 소동파는 깜짝 놀랐습니다. 유정인 사람에게서 설법을 들어야지 어떻게 무정물에게 설법을 듣는단 말인가? 혼란한 마음을 가눌 길이 없었으나 상총 선사는 더 이상 입을 열지 않았습니다.

그렇게 의문 덩어리를 가슴에 담고 귀가 하는 산길에서 그는 웅장한 폭포 소리를 듣게 됩니다. 절에 올라갈 때는 그다지 크게 들리지 않던 폭포소리가 온 몸을 전율시키며 들려오는 순간 소동파는 번개가 치는 듯한 깨달음의 순간을 맞이하게 됩니다. 시냇물소리가 그대로 부처님의 크신 설법이고 푸른 산빛이 그대로 청정한 법신인줄을 알게 된 것입니다.

깨달음은 간절할 때 몰록 다가오는 것입니다. 다소 거만했던 소동파가 승호 선사와 상충 선사의 화두를 풀 수 있었던 이유를 우리는 곰곰이 생각해 봐야 합니다.

바람이 부니
구름이 흩어지네

# 시비와 분별을 놓아버리고

눈으로 보는 것이 없으니 분별이 없고
귀에는 들리는 소리 없어 시비가 끊기었네.
시비와 분별을 모두 놓아버리고
다만 네 마음의 부처님을 보고 스스로 귀의한다.[*]

**부설거사 浮雪居士, ?~?**

이 시는 부설거사의 임종게입니다. 한국 거사불교의 큰 산이라 할 수 있는 부설거사浮雪居士는 원래 스님이었습니다. 신라진덕여왕 때 다섯 살의 나이로 출가하여 원정圓淨 선사를 섬기게 되면서 부설浮雪이라는 법명을 받았습니다. 그에게는 두 사람의 도반이 있었는데 영조靈照와 영희靈熙였습니다. 어느 날세 스님은 명승지를 행각하자고 약속하고 길을 떠났습니다. 세스님은 지리산 등 남쪽의 명승지를 떠돌며 공부를 했는데 경전도 읽고 참선도 했습니다. 그 후 문수도량인 오대산을 참배하기 위해 북쪽을 향해 행각을 하던 도중 김제를 지나다가 비를

---

[*] 目無所見無分別 목무소견무분별    耳廳無音絕是非 이청무음절시비
　　是非分別都放下 시비분별도방하    但看心佛自歸依 단간심불자귀의

만나 어느 농가에 머물게 되었습니다.

그 집은 구무원이라는 사람의 집이었는데 불심이 깊어 스님들에게 법문을 청해 듣기도 하고 대접도 잘 했습니다. 며칠 계속 되는 비로 스님들은 구무원거사의 집에 머물 수밖에 없었는데, 이윽고 비가 그쳐 다시 길을 떠나려 했습니다.

그런데 뜻밖의 일이 발생했습니다. 구무원거사의 딸 묘화가 부설 스님을 연모하게 되어버렸던 겁니다. 묘화는 나면서부터 벙어리였는데 스님의 법문을 듣고 말문을 열게 됐던 것입니다. 부설은 묘화의 애끓는 마음이 안타깝긴 했지만, 출가사문의 입장에서 그 청을 받아줄 수도 없었습니다.

그러나 묘화는 자살을 기도하면서까지 부설 스님에게 혼인해 줄것을 요청했고, 끝내 부설 스님은 두 도반을 오대산으로 떠나보내고 자신은 남아서 묘화와 혼인을 했습니다. 그렇게 영조와 영희 두 스님은 부설에게 실망감을 느끼며 길을 떠났고, 부설 스님은 남아 묘화와 혼인하여 아들 등운登雲과 딸 월명月明을 낳고 살았습니다. 그렇게 속가에서 살림을 하면서도 부설은 치열하게 정진하여 공부가 점점 깊어졌습니다.

그러던 어느 날, 오대산으로 떠났던 두 스님이 찾아왔습니다. 두 스님과 한 거사의 만남은 다소 어색했겠지만 한 때의 도반으로서 반갑기도 했을 겁니다. 부설은 두 스님이 공부한 경지가 궁금하여 한 판 내기를 벌입니다.

물이 담긴 병 세 개를 들보에 매달아 놓고 각자 한 깨씩 깨트려 보자는 것이었습니다. 만약 공부가 깊은 사람이라면 병만 깨지고 물은 흘러내리지 않을 것이라는 황당한 말과 함께.

두 도반은 부설이 하자는 대로 했습니다. 영조 스님도 영희 스님도 돌로 병을 치자 병이 깨지면서 물이 좌악 쏟아져 내렸습니다. 그들이 만유인력의 법칙을 알았던 몰랐던 그렇게 물이 쏟아지는 게 당연한 것입니다.

그러나 부설거사가 돌로 병을 깨뜨리자, 이게 어찌된 일인가? 병은 산산조각이 났는데 물은 그대로 허공에 매달려 있었습니다.

"참다운 성품은 본래 영명하여 항상 머물러 있는바 저 물이 대들보에 매달린 것과 같다."

부설은 이렇게 말하고 한 수의 시를 남기고 홀연히 입적에 들었습니다. 두 스님은 묘적암 남쪽 기슭에 부도탑을 세우고 부설거사의 사리를 봉안했습니다.

지금도 변산에는 그의 딸 이름을 딴 월명암이 있고 암자에는 사성선원四聖禪院이 있습니다. 부설거사의 네 가족이 모두 성인이 되었기 때문에 사성선원이라 하는 것입니다.

부설거사는 비록 몸은 속가에서 가정을 이루고 살았지만, 마음은 언제나 청정했고 불성의 깊은 근원에 닿아 있었습니다. 임종게를 통해 그가 드러내 보이는 것은 바로 '스스로 네 마음의 부처를 보라'는 것입니다. 자신에게 엄연하게 갖추어진 불성을 알아차리고 매 순간 불성의 자리에서 판단하고 행동한다면 누구나 부처의 삶을 살 수 있다는 것이 부처님의 가르침이고 여러 조사의 한결같은 가르침이라는 것을 다시 한번 기억하게 됩니다. 🪷

바람이 부니
구름이 흩어지네

# 바다에서 나온 진리

진실한 말과 비밀한 가르침을 하늘에서 주었고
해인의 진리가 바다에서 나왔네.
훌륭하여라, 바다 구석에서 깊은 뜻 일으켰으니
그야말로 하늘의 뜻을 천재에게 맡겼네.*

최치원 崔致遠, 857~?

　　고운孤雲 최치원은 우리나라 유학의 거두巨頭입니다. 그의 문장은 당나라에서도 이름을 떨쳤고 우리 역사에서도 보배중의 보배로 남아 있습니다. 그가 지은 사산비명四山碑銘은 우리나라 불교의 고대사를 알 수 있게 하는 매우 귀한자료일 뿐 아니라 문체와 서법書法 연구에도 국보급 유물입니다. 한 시대의 우뚝한 학자이자 시인이었던 최치원이지만 그의 삶은 피곤했습니다. 그가 품은 뜻을 펴기에 신분제 사회의 한계가 분명했던 것입니다.

　　잘 알려진대로 그는 당나라에서 외국인 신분으로 과거에 급

---

* 天言秘教從天授 천언비교종천수　　海印眞詮出海來 해인진전출해래
　好是海隅興海義 호시해우홍해의　　只應天意委天才 지응천의위천재

제하여 벼슬길에 나갔고, '토황소격문討黃巢檄文'을 지어 '황소의 난'을 평정하는 계기를 만드는 큰 공을 세우고 오랜 유학과 관리생활을 했습니다. 마침내 향수병에 걸린 그가 귀국한 신라는 그를 그다지 환영하지 않았습니다. 그의 재주는 비상했지만 신분이 육두품이어서 출세에 한계가 있었으며, 그의 재주를 함부로 하지 못하는 기득권의 견제 또한 만만치 않았던 것입니다.

그래서 그는 지방 관리로 떠돌다가 어느 해에 가야산으로 들어가 종적을 감췄다고 전해지는데, 그는 가야산 해인사 아래 홍류동 계곡에 거처를 마련하고 '농산정籠山亭'을 짓고 생활했습니다. 그때 최치원은 해인사의 여러 스님과 사귀었고 적지 않은 시를 주고 받았습니다.

최치원이 홍류동으로 들어가 해인사 스님들과 교유할 때, 해인사에는 화엄종장으로 일컬어지는 희랑希朗과 관혜觀惠 스님이 있었습니다. 당시는 신라의 국운이 쇠약해지면서 견훤과 왕건이 세력을 키워나가는 때였는데, 희랑은 왕건을 관혜는 견훤을 지지하는 입장이었다고 전합니다. 최치원은 희랑과 더 깊게 교분을 가졌는지 〈화엄경〉을 강의하는 희랑을 위해 지은 시 6수가 전하는 데 앞에 보인 시는 그 중 네 번째 시입니다.

최치원은 시를 통해 희랑과 그가 강론하는 〈화엄경〉의 진수를 확연하게 설명하며 찬탄합니다. '해인'이란 '해인삼매'이니 부처님이 〈화엄경〉을 설할 때 들었던 선정입니다. 풍랑이 멈춘

바람이 부니
구름이 흩어지네

바다에 만물이 비춰지듯, 일체의 번뇌가 소멸한 선정 속에서는 일체의 법이 밝게 드러나는 것입니다.

'진전'이라는 말 역시 진리를 뜻하니, 화엄경과 해인삼매 그리고 해인사라는 절의 이름이 모두 한 통속이라 하겠습니다. 진리의 바다는 넓고 고요함을 최치원은 매우 포괄적으로 내비치는 것이니 그의 시적 안목은 하늘과도 같이 높습니다. 이렇게 화엄의 법을 찬탄하고 뒤에 이어 그 법을 강론하는 희랑의 덕화를 '하늘이 뜻을 맡긴 천재'로 승화하고 있으니 최치원과 희랑 대사의 친분 또한 하늘의 뜻은 아니었을까 하는 생각을 해 봅니다. ✍

# 한 곡조 거문고소리
# 누가 알랴

내가 거처하는 곳은 푸른 산기슭

이전부터 전해오는 보배로운 거문고 있어

한 곡조 타는 것도 무방하지만

이 소리 아는 사람 얼마나 되리.*

이자현 李資玄, 1061~1125

 

 

우리나라 거사불교의 큰 맥은 부설거사에서 고려 중기의 이
자현으로 내려옵니다. 이자현은 고려 문종 15년(1060)에 태어
났는데, 왕실의 외척으로 상당한 권세를 가진 집안에 태어났습
니다. 아버지는 제상이었고 3명의 고모가 모두 왕비였고 삼촌
이 소현 스님인데 왕사를 지내고 있었으니까요. 그는 일찍 과거
에 급제하여 벼슬길로 나갔고 그의 사촌 이자겸과 함께 '가문
의 영광'을 이어가고 있었습니다. 그러던 이자현에게 인생의 전

---

\* 家住碧山岑 가주벽산음    從來有寶琴 종래유보금
  不妨彈一曲 불방탄일곡    祗是少知音 지시소지음

환점이 다가왔습니다.

그는 아내의 죽음에서 인생의 덧없음을 뼈저리게 느꼈고, 그로부터 세상살이의 불합리와 권력의 부당함 그리고 불교계의 타락과 왕실의 무능 등이 한꺼번에 보이기 시작했습니다. 번민에 번민을 거듭하던 그는 드디어 등짐 하나를 메고 집을 나섰습니다. 다시는 도성에 돌아오지 않겠다는 다짐과 함께 길을 떠난 그의 발길이 닿은 곳은 지금의 청평산 청평사입니다. 당시의 산 이름은 경운산이었고 그 산에는 이자현의 부친이 지어놓은 보현원이라는 작은 암자가 있었습니다. 이자현은 산 이름을 청평산이라 부르게 하고 보현원도 문수원이라 고쳐 불렀습니다.

이자현은 문수원에서 교학을 연구하고 참선 수행에 몰두했는데 더러 왕이 사람을 보내 국정을 도와달라고 간청했지만 번번이 거절했습니다. 37년이란 시간을 문수원에서 정진하다가 1125년 4월 65세의 나이로 입적했고 지금도 청평사에는 그의 부도가 있습니다.

여기 보인 그의 시는 세속을 떠나 홀로 정진하며 사는 즐거움을 노래하고 있습니다. 제목은 '낙도음樂道吟', 도의 즐거움을 읊은 것입니다. 사람들은 왜 수행하는 사람들이 산속으로 들어가느냐 하고 묻습니다. 절은 왜 산에 있느냐는 질문도 합니다. 여러 사람이 여러 가지 견해들을 내놓겠지만, 절이 산에 있는 이유는 절은 수행하는 곳이기 때문입니다. 세속의 온갖 번잡한 일들로부터 떨어진 곳에서 세속의 번다한 갈등을 잠재우는 묘리를 익히고, 간악한 인간의 탐심과 진심 그리고 치심을 다스릴 에너지[도력]를 기르는 수행을 하기에는 깊은 산중이 적합한 것입니다. 산중은 자연이 제공해주는 신비한 기운과 정신을 몰입할 수 있는 고요가 있으니까요.

아무튼 이자현의 경우도 인생의 무상과 세상살이의 번잡함을 극복하고 스스로 고요한 마음을 유지하고자 산중으로 떠났던 것으로 볼 수 있습니다. 그리고 그가 머문 산중에서 두 번 다시 세속으로 나가지 않고 공부하고 가르치며 한 생애를 마쳤으니, 행복한 인생이었다고 할 수 있을 것입니다.

그의 행복은 바로 시에 나오는 한곡조의 거문고 소리라 하겠습니다. 당연히 한 곡조의 거문고 소리는 청정한 진여의 소리, 즉 불성의 무애자재한 경지인 것입니다. 그 경지를 이어가는 즐거움이 바로 도의 즐거움이고 그 마음을 시로 드러낸 것이 '낙도음'이 되는 것입니다.

스스로 푸른 산에 들어 청정한 본래 진면목으로 살아가고 있으니 그 즐거움을 혼자 즐기는 것도 좋지만, 세상 사람들도 좀 알았으면 좋겠다는 이자현의 마음은 오늘날에도 그대로 유효합니다.

삶에 지친 현대인들이 단 며칠이라도 마음을 쉬기 위해 단기출가나 템플스테이를 찾아가는 것을 보면 청평거사 이자현의 삶이 얼마나 행복했을까 짐작되기도 합니다. ☙

# 금강의 진신을 공경하여

마침내 헐어버리지 못할 것은 금강의 진신이다.

그 밖의 상설이야 이루고 허는 일 사람이 하거늘

사람이 똑같지 않을진대 공경하거나 업신여기나니

저들은 업신여겨 손상하고 나는 공경하여 보수하네.

저 이지러진 달과 같아 얼마 안 가서 다시 둥글었다.

모든 사녀士女들은 일심으로 돌아가 공경하라.[*]

이규보 李奎報, 1168~1241

금강산과 설악산의 절경을 곁에 두고 일망무제의 푸른 동해에 접해 있는 낙산사洛山寺는 우리나라 관음신앙의 중심 도량입니다. 신라 때 의상 대사가 이곳에서 기도하여 관음보살을 친견하고 절을 창건했고 원효 대사도 이곳에 와서 관음보살을 친견했으며 범일국사 또한 정취보살을 친견하여 절을 더욱 확장

---

[*] 究竟不毀 구경불훼 　 金剛眞身 금강진신
　 外之像設 외지상설 　 成毀由人 성훼유인
　 人非一類 인비일류 　 或敬或侮 혹경혹모
　 彼侮而殘 피모이잔 　 我敬而補 아경이보
　 如月斯缺 여월사결 　 未幾復全 미기부전
　 凡百士女 범백사녀 　 一心歸處 일심귀처

했다고 전합니다. 낙산사의 이름 역시 관세음보살의 상주처인 보타락가산에서 온 것입니다.

세월을 따라 수 없는 화재와 병화兵禍를 견디며 도량의 면모를 지켜 오고 있는데, 오늘날에는 해수관음상과 보타전 그리고 홍련암이 중심을 이룬 신앙공간으로 자리 잡고 있습니다. 2004년 큰 화재를 입은 낙산사는 10여 년에 걸친 보수 끝에 새로운 면모로 일신되었고 많은 기도객과 관광객의 발길이 사시사철 이어지는 곳입니다.

승경勝景으로서의 낙산사를 말할 때는 일출과 월출을 감상하는 풍류를 빼 놓을 수 없습니다. 홍련암 바로 옆에 의상대가 있어 오래전부터 일출명소로 꼽히고 있기도 합니다. 낙락장송으로 둘러싸인 절의 고즈넉한 분위기를 사랑한 시인묵객들이 찾아와 시를 짓고 그림을 그린 경우도 부지기수입니다. 이식李植 1584~1647이 "안견의 수묵화와 임억령의 시, 천 년 가람은 두 사람의 시화로 기이해졌네"라고 표현한 것처럼 낙산사는 신앙의 공간이자 문화공간으로 이름을 얻어온 것입니다.

여기 보인 시는 이규보의 작품인데, 그가 이 시를 지은 것은 관세음보살상의 복장을 보수하고 난 뒤의 공덕을 경탄하고 송축하기 위해서입니다. 그는 〈동국이상국집〉 제25권에 낙산사 관음보살상의 복장腹藏을 보수한 데 따른 글을 남기고 있는데, 이 글에서 낙산사의 풍경과 관음보살상에 대한 고려시대 사람들의 신앙심을 읽을 수 있습니다.

"동해 바닷가 낙산 위에 한 승지勝地가 있는데 청정하여 티끌 한 점 없으니, 물속에 비친 달의 청수한 실상이 이곳에 의탁하였다. 아, 저 완악한 오랑캐는 무지막심하도다. 그들이 횡횡하며 노략질할 적에 심지어 절의 불상까지도 훼손을 입지 않은 것이 없었으며, 우리 대성大聖의 존구尊軀도 또한 그러하여 비록 형체는 겨우 보존되었으나 복중腹中의 진장珍藏은 모두 수탈당하거나 흩어져서 텅 비었다. 지인至人의 경계는 본래 영허盈虛·소식消息의 이치가 없는데, 금강金剛의 진체眞體에 어찌 훼멸이 있겠는가? 그러나 범부凡夫의 보는 바에 있어서는 어찌 상심이 되지 않으랴? 하물며 제자弟子로서는 경앙하는 마음이 전부터 간절하였었는데, 이제 복중의 진장이 분산되었다는 사실을 듣고 남보다 배나 가슴 아프게 여기고 동시에 용감히 보수하지 않을 수 있겠는가? 이에 전일의 소장된 것을 참작하여 삼가 심원경心圓鏡 2개와 오향五香·오약五藥·색사色絲·금낭錦囊 등 여러 가지 물건을 갖추어 복중을 채워서 완전히 복구하여 예전 것과 손색이 없게 하였으니, 바라던 바에 무슨 문제될 게 있겠는가."

이 같은 설명에 이어 이규보는 복장을 새로 조성한 공덕을 찬贊하는 시를 붙인 겁니다. 형상으로서의 관음보살은 진신이 아닙니다. 그저 형상일 뿐입니다. 그러나 그 형상을 보고 진신을 염원하는 신앙의 자리에서는 형상 또한 형상 이상의 의미를 얻는 것이고, 그로인해 모든 불보살상은 신앙의 대상이 될 수 있습니다.

이규보는 이 기문을 최충헌의 아들 최우를 대신해 지은 것이라 밝히고 있는데, 당시 상당한 권력자였던 최우가 불사에 관여했다는 의미로도 볼 수 있습니다. 그러므로 '저들은 업신여겨 손상하고/ 나는 공경하여 보수하네'라는 구절의 '나'는 최우일 가능성이 큽니다. 오랑캐는 관음보살상을 허물고 '나'는 공경하여 보수한다고 했으니, 전란의 피해를 입은 관음보살상을 보수하여 복장을 새로 한 정황을 알 수 있습니다.

이유야 어찌되었건, 신앙의 대상으로서의 불보살상을 공경하고 귀하게 모시는 것은 당연한 일입니다.

오늘날에도 많은 사찰에서 각종 불사佛事가 성행하고 있습니다. 불사를 공사工事라 하지 않고 불사라고 하는 것은 그 시작부터 끝까지 모든 과정에 공덕이 깃들기 때문이고 그 공덕으로 일체중생이 극락왕생의 선연善緣을 맺을 수 있기 때문입니다.

그 누구도 허물어 버릴 수 없는 '금강의 진신' 즉 부처님의 참모습을 불사를 통해 만날 수 있고 그 공덕으로 중생의 업장을 녹일 수 있기에 불사에 두루 동참하라고 하는 것입니다.

바람이 부니
구름이 흩어지네

# 흰 돌 맑은 물 꿈속에 보이리

골이 깊고 깊어 세속 티끌 끊겼는데
스님은 일 없어도 참 도를 말할 줄 아네.
뒷날 복된 땅 어디서 찾으랴
흰 돌 맑은 물 꿈속에 자주 뵈리.[*]

이색 李穡, 1328~1396

고려 말의 충신 목은牧隱 이색은 송광사는 물론 송광사의 스님과 관련된 시를 여러 편 남겼습니다. 긴 역사만큼이나 송광사를 읊은 시도 많고 도량을 순례한 명인들도 많습니다. 선비들이 송광사의 스님들과 시문을 나누고 도담道談을 나눈 것도 자연스러운 일이라 할 것입니다.

여기 보인 시로 볼 때, 목은은 송광사에서 두 개의 세상을 느끼고 있습니다. 하나는 깊고 깊은 산중 사찰로서의 송광사입니다. 세속의 먼지가 들어오지 않는 청정한 도량에서 설법 하는 스님들의 맑은 삶을 그리고 있는 것입니다. '스님은 일 없어

---

[*] 洞府深深隔世塵 동부심심격세진　山僧無事解談眞 산승무사해담진
他年福地尋何處 타년복지심하처　白石淸溪入夢頻 백석청계입몽빈

도'라고 하는 표현에서 송광사 스님들의 세속을 초월한 근기를 잘 보여주고 있으며 '참 도를 말할 줄 안다'는 것에서 스님들의 설법에 당대의 큰 선비도 감복하고 있음을 읽을 수 있습니다.

후반부에서 목은이 보는 송광사는 지금 눈앞에 있는 절이 아니라 뒷날 이 맑은 도량을 또 언제 찾아올 것인가를 생각하는 것입니다. 그것은 일생을 바른 도를 배우고 논하며 살고자 하는 선비의 갈망이기도 할 것입니다.

불자들은 청정한 도량에서 법회를 보거나 참배를 하고 나면 그 행복감이 며칠은 간다고 말합니다. 도량이 주는 맑은 기운이 삶의 자양분이 된다는 말입니다. 그러니까 특별한 일이 없어도 청정한 절집을 두루 다니며 에너지를 축적하는 일도 즐거운 일이라 할 수 있습니다.

근래에는 사찰순례를 즐기는 불자들도 많고 굳이 불자가 아니더라도 좋은 도량을 찾아 여행하는 사람들이 많습니다. 종교를 떠나 아주 바람직한 현상이라고 생각합니다. 도량은 그 자체만으로도 힐링의 공간이고 웰빙의 힘을 불어넣어 주는 곳이니까 말입니다.

목은 선생은 송광사 침계루를 제재로도 한 수의 시를 썼습니다. 이 시 역시 맑은 도량 아름다운 침계루를 찬탄하며 뒷날 다시 그리워할 마음을 노래하고 있습니다.

구름 헤치고 단번에 침계루 오르니

바람이 부니
구름이 흩어지네

문득 인간만사가 허망함을 알겠네.
반나절을 올랐다가 곧 돌아가지만
내일 아침 말에 오르면 거듭 돌아보리라.*

　목은 선생이 송광사를 찾아 그 맑고 고용한 풍경 속에서 시
를 한 수 남겼듯이 현대인들도 유서 깊은 고찰을 찾아 자신의
내면을 들여다보고 자신을 향해 격려의 말 한 마디를 들려준
다면 그것이 최상의 힐링이라 하겠습니다. ✍

---

* 破雲一上枕溪樓 파운일상침계루　便欲人間萬事休 편욕인간만사휴
　半日登臨卽歸巨 반일등림즉귀거　明朝上馬重回頭 명조상마중회두

# 인생은 온통 꿈만 같아

강릉 가는 곧은 길에서
길손이 홀로 긴 시를 읊노라.
말 그림자 푸른 산에 고요하고
인기척은 푸른 숲 깊숙한 데서 들려오네.
뜬구름 같은 인생은 온통 꿈만 같아
세상일에 매번 마음이 상하곤 하네.
이제부턴 나도 좀 즐기며 살아야지
오늘 여기에 이를 줄 어찌 알았으랴.<sup>*</sup>

이종학 李鍾學, 1361~1392

목은 이색의 아들 이종학의 시입니다. 월정사를 들렀다가 며칠을 머물렀는지는 모르겠지만, 절을 떠나며 남긴 시인 듯합니다. 제목은 '20일에 월정사를 떠나며二十日出月精寺'로 되어 있습니다.

---

\* 江陵歸路直 강릉귀로직　　行客獨長吟 행객독장음
　馬影靑山靜 마영청산정　　人聲綠樹深 인성녹수심
　浮生渾似夢 부생혼사몽　　世事每傷心 세사매상심
　從此當行樂 종차당행락　　那知得至今 나지득지금

이종학은 월정사에서 인생의 덧없음을 절절하게 느낀 모양입니다. 시의 앞부분은 오대산의 푸른 숲을 그리고 있지만 뒤에서는 온통 인생에 대한 관조로 이어지니까 말입니다. 특히 '이제부턴 나도 좀 즐기며 살아야지'라는 대목은 시적으로 절창이라기보다 인생의 참맛을 토해낸 진실한 고백이라 할 만합니다. 세상살이에 지친 사람이라면 누구나 한 번쯤 깊이 토해냈을 말입니다.

거기다가 '오늘 여기에 이를 줄 어찌 알았으랴'라는 마지막 구절은 그의 삶과 연관해 묘한 탄식으로 느끼지 않을 수 없습니다. 이 시를 지을 당시에는 월정사를 떠나며 다시 속세로 가야하는 아득한 마음을 그렇게 표현했을 것입니다.

그는 이성계가 조선을 건국하던 해에 정몽주의 살해에 뒤이어 이숭인 등과 함께 탄핵을 받아 함창으로 유배되었고, 다시 유배지를 옮기는 도중 한 마을에서 살해당했습니다. 나라는 망하여 새로운 나라가 들어서고, 선비로서의 곧은 절개를 지키는 길은 목숨을 내놓는 것이었던 그런 시절을 사는 선비가 절에서 묵었다가 떠나는 심정을 우리는 조금이나마 이해할 수 있어야 할 것입니다.

중생계는 한 순간도 욕망을 멈추지 않는 곳입니다. 온갖 이해관계가 실타래처럼 얽혀있고 지배자와 피지배자, 부자와 가난한 자, 갑과 을이 뒤엉켜 자신의 욕망을 채우고 남의 욕망을 견제하고 짓누르면서 살아가는 곳이 중생의 세상입니다.

천년 전이라고 다를 것은 없었을 겁니다. 물질문명의 발달과 상관없이 사람 사는 세상의 속성은 욕망이 지배하는 것이니까 말입니다.

오늘날 월정사는 단기출가라든가 템플스테이 등 세상 사람들이 마음을 쉬고 내면을 관조할 수 있는 프로그램이 아주 모범적으로 시행되는 사찰입니다. 그런 차원에서 보자면, 고려 말의 선비 이종학도 그러한 휴식의 공간으로 월정사를 십분 활용한 것이라 생각해도 좋을 것 같습니다.

세상을 행복하게 살고 싶으면 무엇보다 두 가지를 실천해야 합니다. 하나는 욕심을 내려놓은 것입니다. 무엇이 갖고 싶고, 되고 싶고, 하고 싶고, 먹고 싶고…. 그런 욕망을 때로는 억제하고 때로는 끊어야 합니다. 마음이 욕구하는 것을 절제하지 못하면 결코 행복해질 수 없습니다. 갖고 싶은 것을 가지면 또 다른 것에 대한 갖고 싶은 마음이 용솟음치게 되므로 갖고 싶은 것을 가졌다고 행복해지는 것이 아닙니다. 되고 싶은 대로 되었다고 하여도 그렇게 되는 순간 또 다른 되고 싶은 것이 생깁니다.

욕망은 항상 욕망으로 그 길을 인도하는 것이지 멈추는 것이 아닙니다. 스스로 욕망을 멈추는 길은 욕망하는 그 마음을 내려놓는 것입니다. 욕망을 절제하지 못하면 행복에 이를 수 없습니다.

다른 하나는 나눔입니다. 나눔을 실천하지 않으면 행복할 수 없습니다. 본래 나의 것은 없습니다. 무엇이든 잠시 내게 왔을 뿐이고 잠시 쓰고 버리는 것에 지나지 않습니다. 그런데 무엇이든 영원한 소유물이라 생각하고 탐하여 집착하면 그로부터 불행이 따라옵니다. 나누고 함께 하는 가운데 참다운 공덕이 이루어지고 행복이 올 뿐입니다. 움켜쥐고 놓지 않는다고 자신의 것이 될 수는 없습니다.

첩첩산중 월정사에서 며칠 묵고 난 선비 이종학은 절을 떠나며 세속의 번민을 내려놓고 '세상일에 매번 상하는' 마음을 추스르며 이 시를 지었을 겁니다. ☙

# 차 달이는 연기 피어나네

약초 캐다 홀연히 길을 잃었는데
일천 봉우리가 가을 낙엽 속에 있네.
산중 스님이 물 길어 돌아가더니
숲 끝에서 차 달이는 연기 피어나네.*

이이 李珥, 1536~1584

조선시대의 문신으로 성리학자이며 정치가, 사상가, 교육자, 작가, 시인 등등의 타이틀로도 다 표현하지 못할 걸출한 선비가 율곡栗谷 이이라 하겠습니다. 그의 학문과 문장 그리고 시적 역량은 우리의 중세사에 우뚝 선 인문학적 성과라 평가받고 있습니다.

율곡은 한 때 금강산의 사찰에서 기거한 적이 있습니다. 어머니가 돌아가시자 3년의 시묘살이를 마치고 금강산에 들었던 것입니다. 출가 승려의 길을 걸은 것은 아니지만 이 시기에 불교에 대해 많은 공부를 하고 인생에 대해서도 고민을 했다고

---

* 採藥忽迷路 채약홀미로 　千峰秋葉裏 천봉추엽리
　山僧汲水歸 산승급수귀 　林末茶烟起 임말다연기

합니다.

여기 보인 율곡의 시는 제목이 '산중山中'입니다. 굳이 '불교시'라는 영역으로 끌어들일 수 있는지는 모르겠지만, 이 시는 고즈넉한 가을 산사가 보여주는 무욕의 서정이 가득하여 많은 사람들이 애송하는 것이기도 합니다.

약초 캐다 홀연히 길을 잃었다는 상황과 일천 봉우리가 가을 낙엽 속에 있다는 상황이 잘 어울릴 것 같지 않으면서도 묘한 여운을 남기며 시적 긴장도를 높여 줍니다. 산중에서 길을 잃었는데 낙엽 찬란한 풍경에 심취할 수 있다니, 그 얼마나 여유가 있는 표현인지요.

그런 상황에 마침 암자 하나가 눈앞에 보이고 스님은 물을 길어 가더니 이내 연기가 피어오릅니다. 이 또한 길 잃은 약초꾼의 심상에 비친 조급한 상황이 아니라 관조의 여유가 넘쳐나는 묘사라 하겠습니다. 밥 짓는 연기도 아니고 차 달이는 연기라 했으니 그 운치가 세상 시름을 다 덜어낸 사람이 아니고는 감당할 수가 없는 경지입니다.

이 시를 읽으면서 시 속 화자의 위치가 어딘가를 생각해 보면 재미있습니다. 약초 캐다 길 잃은 화자는 멀지도 가깝지도 않은 위치에서 절을 보고 있을 것입니다. 절 뒤로는 아득한 봉우리들이 붉은 단풍을 휘장처럼 두르고 솟아 있을 것입니다.

스님이 물동이를 지고 절로 들어가더니 연기가 모락모락 피어오르는데 화자는 그것을 차 달이는 연기라고 했습니다. 밥 짓는 연기가 아니라 차 달이는 연기라 한 것은 불도의 최상이라 할 '깨달음의 소식'을 상징한다고 봐야 합니다. 적어도 시적 표현에 있어서 절에서 피어오르는 연기는 마을에서 피어오르는 연기와 같을 수 없으니까요.

사실 율곡은 금강산에서의 절집 생활 이력 때문에 다른 유학자들로부터 지탄 내지는 공격을 받기도 했습니다. 그러나 그는 학문과 종교를 초월한 자리에서 삶의 여유와 진솔한 인간 내면의 풍경을 보았을 것입니다.

이 시를 읽으면 연상되는 시가 하나 있습니다. 당나라 중기의 시인 가도賈島, 779~843가 쓴 '심은자불우尋隱者不遇'라는 시입니다.

소나무 밑에서 동자에게 물으니
스승은 약초 캐러 갔다고 하네.
다만 이 산 속에 있기는 한데
구름이 깊어서 있는 곳을 알 수가 없다네.*

---

* 松下問童子 송하문동자    言師採藥去 언사채약거
  只在此山中 지재차산중    雲深不知處 운심부지처

바람이 부니
구름이 흩어지네

# 외진 마을 벗이 없어

구름조각이 닦아냈는지 바다하늘 활짝 맑고

냉이 밭에 나비들도 하얗게 훨훨 나는데

우연히 집 뒤의 나무꾼 길을 따라

드디어 들머리 보리밭을 지나왔네.

바다 끝에서 봄 만나니 나도 이제 늙나보다.

외진 마을 벗이 없어 스님 좋은 걸 알았다네.

때로 먼 산 바라보던 도연명 생각이 나서

한두 편 산경을 놓고 스님과 함께 얘기했네.*

정약용 丁若鏞, 1762~1836

전남 강진을 '남도 기행의 1번지'라고 부릅니다. 그만큼 역사 문화유산이 많이 전하고 풍경과 인문학적 탐방거리가 많다는 뜻입니다. 강진을 그러한 명소로 만드는데 가장 큰 업적을 남긴 사람으로는 단연 다산茶山 정약용이 꼽힐 것입니다. 다산은

---

* 편편청운식장천 片片晴雲拭瘴天　제전호접백편편 薺田蝴蝶白翩翩
　우종옥후초소로 偶從屋後樵蘇路　수과원두광맥전 遂過原頭穬麥田
　궁해봉춘지노지 窮海逢春知老至　황촌무우각승현 荒村無友覺僧賢
　차심도령유관의 且尋陶令流觀意　여설산경일이편 與說山經一二篇

유배지에서 학문과 문학을 더욱 연마했기에 500여 권에 이르는 방대한 저술을 남겼습니다.

강진은 바로 정약용의 유배지이자 수많은 저서를 지은 곳이며 차에 대한 그의 사랑이 자라난 온상이기도 합니다. 다산이라는 호도 이곳에서 얻었는데, 그 배경에는 백련사 혜장惠藏 스님과의 친밀한 교분이 있었습니다. 그의 유배생활에 신선한 활력소가 되었던 공간이 바로 백련사였습니다. 백련사의 스님 혜장과의 만남은 그에게 새로운 세계를 열어주는 계기가 되었던 것입니다. 불교에 대한 시각의 변화와 다도茶道를 통한 심신의 안정이 그의 학자적 정신을 고양시켰던 것으로 보입니다.

1801년 강진으로 유배를 간 다산은 5년 뒤에 백련사로 찾아가 혜장 스님을 만났습니다. 두 사람은 학문과 차를 통해 깊은 교유를 이어갔고, 다산은 불교의 전적을, 혜장은 유교의 경전을 공부하며 자신들의 내면을 더욱 확장했습니다.

차는 그 아름다운 교유의 향기로운 매개체였습니다. 여기 보인 다산의 시는 혜장 스님과 교분을 나누던 시기 다산의 마음 풍경을 알 수 있는 작품이라 할 수 있습니다.

화사한 봄 날, 숲길을 따라 절에 도착한 선비가 스님을 만나서로 마음이 통해 이런저런 이야기를 나누는 고요하고 맑은 풍경이 한 폭의 그림으로 그려지는 시입니다. 제목은 '봄날 백련사에 가 놀다[春日游白蓮寺]'이며 〈다산시문집茶山詩文集〉 5권에 실려 있습니다.

다산이 쓴 혜장 스님의 탑명塔銘에 "하루는 내가 야로野老를 따라 신분을 감추고 가서 그를 만나 그와 더불어 한나절까지 이야기했으나, 내가 누구인지를 알지 못했다"는 대목이 나오는 데, 두 사람의 오고감이 그렇게 시작 되었던가 봅니다.

아무튼 다산은 백련사를 오가며 여러 편의 시를 지었습니다. 대부분 혜장 스님이 등장하는데, 둘의 교분이 어떤 것이었는 가를 잘 알게 해줍니다. '혜장이 날 위해 차를 만들었는데, 때 마침 그의 문도 색성이 나에게 무얼 주었다 하여 보내주지 않 고 말았으므로 그를 원망하는 말을 하여 주도록 끝까지 요구 하였다[藏旣爲余製茶 適其徒賾性有贈 遂止不予 聊致怨詞以徼卒惠]'는 제 목의 시도 있으니 내용은 이렇습니다.

옛날 여가는 대를 몹시 탐하더니
지금 탁옹은 차를 그리 즐긴다네.
더구나 그대 사는 곳 다산이기에
그 산에 널린 것 자색 순 아니던가.
제자 마음은 비록 후하지만
선생이 왜 그리 냉대란 말인가.
백 근이라도 마다하지 않을 텐데
두 꾸러미 다 주면 뭐가 어때서
술이라도 한 병 가지고서야
오래 깨지 않고 취하겠는가.

언충의 오지그릇이 비어 있는데
미명의 솥을 그냥 놀리란 말인가.
이웃 사방에 병든 자가 많은데
찾아오면 무엇으로 구제할 것인가.
믿노라 푸른 시내 위 달이
구름 헤치고 맑은 얼굴 내밀 것을.*

〈다산시문집〉 5권에 실린 이 시는 그 제목이 길지만, 제목을 읽고 본문을 읽으면 저절로 웃음이 나옵니다. 차를 좋아 하는 다산은 혜장이 자신을 위해 덖은 차를 제자의 말 한마디 때문에 선물 받지 못하자 끝내 받아 내고야 만 일화를 시로 표현하고 있는 것입니다.

첫 구절의 '여가與可'는 송나라 때 대나무를 잘 그리기로 이름 난 화가입니다. 다음 구절의 '탁옹籜翁'은 다산의 또 다른 호입니다. 그러니까 송나라 때 대나무를 잘 그린 화가 여가가 대나무를 탐하듯이 자신은 차를 좋아한다는 것을 대놓고 밝히는 것으로 읽으면 됩니다. 속이 상한 김에 자신의 취향을 숨김

---

* 여가석참죽 與可昔饞竹　　탁옹금도명 籜翁今饕茗
　황이서다산 況爾棲茶山　　만산자순정 漫山紫筍挺
　제자의수후 弟子意雖厚　　선생예파냉 先生禮頗冷
　백근차불사 百觔且不辭　　양포시의병 兩苞施宜竝
　여주지일호 如酒只一壺　　기득장불성 豈得長不醒
　이공언충자 已空彦沖瓷　　고부미명정 辜負彌明鼎
　사린다곽대 四隣多霍瘣　　유걸장하증 有乞將何拯
　유응벽간월 唯應碧澗月　　경토운중형 竟吐雲中瀅

없이 드러내고 이어서 차를 넉넉히 가지고 있는 혜장 스님이 제자의 말 한 마디에 흔들려 일부러 (나를 위해) 만든 차를 안주 다니, 그게 말이 되느냐는 항의가 재미있게 표현되고 있는 겁 니다.

마음이 통하고 뜻이 통하는 사람끼리는 눈짓도 필요없습니 다. 그러나 더러 강한 어조로 항의를 하여 자신의 뜻을 분명히 하기도 합니다. 그래야 다음에 구차한 일이 없기 때문이 아닐 까요?

한 시대의 학문과 정신문화를 가일층 성장시킨 다산과 혜장 의 막역한 교유는 백련사의 또 다른 역사이고 재산이라 할 수 있을 겁니다. 다산이 지은 혜장 스님의 비명을 보면 그들의 친 분이 얼마나 두터웠는지 짐작할 수 있습니다. 마음이 통하는 벗을 먼저 보낸 다산의 아쉬움이 가득한 비명은 이렇게 시작 하고 있습니다.


"빛나는 우담발화가 아침에 피었다가 저녁에 시들고 펄펄 나는 금시조가 잠깐 앉았다가 곧 날아갔네."

# 진작부터 산이 그리워

말방울 울리며 가노라니 날은 저물었는데
목단 꽃 시들었어라 번화한 때가 느껍구려.
푸른 깁 붉은 소매는 평중을 비웃었거니와
봄풀이랑 우는 새는 혜련을 꿈꾼 거고 말고.
비를 무릅쓰고 술자리 초대는 사양치 않고
산이 그리워 진작부터 스님과 자려고 했었네.
독서대 가는 길을 아직도 기억하거니
벽돌 계단이 분명히 흰 탑 앞에 있었지.*

황현 黃玹, 1855~1910

　

우리나라 화엄십찰華嚴十刹의 하나인 화엄사는 유구한 역사
를 자랑하는 지리산의 큰 절입니다. 그러나 선비들의 시문집에
전하는 화엄사는 그다지 많지 않습니다. 고려의 도읍 개성이나
조선의 도읍 한양으로부터 멀리 떨어진 탓으로 선비들이 많이

---

* 馬首鐘鳴已暮天 마수종명이모천　木蘭花老感當年 목란화노감당년
碧紗紅袖嘲平仲 벽사홍수조평중　春草鳴禽夢惠連 춘초명금몽혜련
冒雨不辭招我飮 모우불사초아음　思山久擬與僧眠 사산구의여승면
讀書臺路猶能記 독서대로유능기　磚級分明白塔前 전급분명백탑전

찾지 않은 까닭일 수도 있을 겁니다.

　여기 보인 시는 조선 후기의 학자 매천梅泉 황현의 작품으로 그의 문집 〈매천집〉에 수록되어 있습니다. 황현은 전남 광양에서 출생했습니다. 1883년(고종 20) 초시에 1등으로 뽑혔는데 시험관이 시골출신이라고 2등으로 내려버렸다는 일화도 있습니다. 그런 까닭인지 그는 중앙관료의 부패에 환멸을 느껴 회시와 전시를 치르지 않았는데 나중에 부친의 권유에 못 이겨 시험에 응시해 장원을 했다니 타고난 천재성이 있었던 것 같습니다. 그러나 결국 임오군란과 갑신정변 등이 이어지며 급변하는 정국에 수구파 관료들의 부정부패가 극심해 지자 관직을 버리고 낙향해 버렸습니다.

　구례로 낙향한 황현은 3000여 권의 책을 쌓아놓고 독서와 글짓기에 매진했는데 역사연구와 경세학에도 깊이 빠졌다고 합니다. 국권상실로 치닫는 위기를 느끼고 후손들이 민족의 정기를 이어가도록 〈매천야록梅泉野錄〉〈오하기문梧下記聞〉〈동비기략東匪紀略〉 등을 지었고 1910년 8월 국권이 일본으로 넘어가자 다량의 아편을 먹고 자결한 우국지사입니다.

　이건창 김택영과 함께 구한말의 삼재三才로 불릴 만큼 문재文才가 뛰어났던 황현. 그는 37세 되던 해에 화엄사와 관련된 시를 지었습니다. '약속대로 해학과 함께 화엄사에 가다[赴海鶴華寺之約]'라는 제목의 칠언율시 두 수가 〈매천집〉 제1권에 전하는데 여기 보인 시가 그 중 하나입니다.

시의 제목으로 보아 황현은 해학이라는 스님과 교유를 한 것 같습니다. 시에서는 스님과 함께 화엄사로 간 소감을 잔잔하게 그려내고 있습니다. 수련에서는 말을 타고 저물녘에 화엄사에 도착하고 보니 목단 꽃이 시들어 만개하던 한 때를 생각합니다. 무상의 질서를 일몰과 시든 목단 꽃을 통해 잘 보여줍니다.

이어지는 함련에서는 중국의 고사를 인용했는데 '푸른 깁 붉은 소매는 평중을 비웃었다'는 이야기를 등장시켜 시적 상상을 넓혀줍니다. 평중平仲은 송나라의 이름난 재상 구준寇準의 자입니다. 시인 위야魏野가 준을 수행하여 섬부陝府의 사원에 가 노닐면서 각각 시를 쓴 일이 있었는데, 뒤에 다시 함께 그 사원에 놀러 가서 보니, 구준의 시는 이미 푸른 깁으로 잘 싸 놓았으나, 위야의 시는 그대로 방치하여 먼지가 끼어 있었다고 합니다. 마침 그 일행을 수행했던 총명한 한 관기官妓가 즉시 자기의 붉은 옷소매로 먼지를 닦아내자, 위야가 천천히 말하기를 "항상 붉은 소매로 먼지를 닦을 수만 있다면, 푸른 깁으로 싸 놓은 것보다 나을 것을"이라고 말했다는 고사가 〈당척언 권7 唐摭言 卷7〉에 전합니다.

이어지는 '봄풀[春草]이랑 우는 새는 혜련을 꿈꾼 거고 말고' 라는 대목도 중국 고사를 끌어 온 것입니다. 송나라 시인 사영 운謝靈運이 시를 지으려는데 도저히 시상이 막혀 좋은 글이 떠오르지 않다가 꿈에 그의 친척 동생 사혜련謝惠連을 만나 "못둑 위에 봄풀이 난다[池塘生春草]"라는 시구詩句를 얻어 시를 완성했습니다. 그래서 사영운은 그 구절을 귀신의 도움을 받은 것으로 자신의 말이 아니라고 밝혔다고 합니다. 이후 꿈에 혜련을 보았다는 말은 명작을 완성했다는 뜻으로 전해지게 되었습니다.

시를 검토해 보면, 황현은 화엄사에 당도하여 목단을 통해 무상의 질서를 느끼고 도량의 아름다움을 통해 '잘 된 작품'을 귀하게 여기는 심미안을 드러내고 있다고 할 수 있습니다. 이렇게 절에 닿은 선비의 마음은 가볍고 경쾌합니다. 경련과 미련에서 본격적으로 마음을 드러내 하룻밤 절집에서 스님과 두런두런 이야기하며 자게 된 것을 즐거이 여기는 심사를 보여주니 절에서의 하룻밤은 아주 마음을 편하게 하는 시간이었던 겁니다.

말하자면, 서른일곱 살의 선비 황현은 읽던 책과 세속의 수심을 내려놓고 화엄사로 템플스테이를 간 것이라 하겠습니다. 🙏

# 바람이 부니
# 구름이 흩어지네

인    쇄   초판 1쇄 2018년 5월 11일

글쓴이   허정 스님

만든이   Project BORA

펴낸곳   도서출판 비움과소통(blog.daum.net/kudoyukjung)
　　　　경기 파주시 야당동 191-10 예일아트빌 3동 102호
　　　　전화 031-945-8739 팩스 0505-115-2068
　　　　이메일 buddhapia5@daum.net
　　　　출판등록 2010년 6월 18일 제318-2010-000092호


　가격 12,000원    ISBN 979-11-6016-037-6